Christoph Möllers

Demokratie – Zumutungen und Versprechen

Für Marita Möllers

Christoph Möllers

Demokratie – Zumutungen und Versprechen

Verlag Klaus Wagenbach Berlin

Nicht sicher zwar,
doch tätig-frei zu wohnen.

3. Auflage 2012

Demokratie – Zumutungen und Versprechen erscheint als erster Band der Reihe **Politik bei Wagenbach**, die von Patrizia Nanz herausgegeben wird. Originalausgabe

Umschlaggestaltung / Reihenkonzept: Julie August, Berlin. Gesetzt aus der Meridien und der Imago. Vorsatzpapier von peyer graphic GmbH. Gedruckt auf chlor- und säurefreies Papier (Schleipen) und gebunden bei Pustet, Regensburg. Printed in Germany.

ISBN: 978 3 8031 2580 4

Inhalt

Vorwort

In understanding ourselves we should look for conditions at once more abstract and more practical, which concern what we are able to do, *rather than where we come from or what we are made of.*
Robert Brandom[1]

Mit der Idee, ein Buch über die Demokratie zu schreiben, kam mir als Form sogleich eine Sammlung von Aphorismen in den Sinn. In der Sache sollte es ein Buch über die Demokratie als solche werden, kein Buch nur über irgendeinen Aspekt. Denn wenn die Demokratie die Ordnung ist, an der wir alle beteiligt sind, verdient sie auch etwas anderes als eine spezialistische wissenschaftliche Behandlung. Es sollte ein Buch werden, das die Demokratie zugleich erklärt und zur Diskussion stellt, eine Mischung aus Thesenpapier und kleinem Lehrbuch. Es sollte ein Buch werden, das die Leser als Teil der Demokratie behandelt, nicht schon wieder ein Buch, das Politik so erklärt (oder so über sie klagt), als hätten Schreiber und Leser nichts mit ihr zu tun. Es sollte ein Buch werden, das für die Demokratie wirbt, ohne sie zu idealisieren, denn die größten Feinde der Demokratie idealisieren sie, um sich dann an ihrem vermeintlichen Versagen zu weiden. Es sollte ein Buch werden, das an die Freiheit als den eigentlichen Grund der Demokratie erinnert – und daran, wie kostspielig dieser Grund ist, denn Freiheit birgt Konflikte und Unsicherheiten. Es sollte ein handliches Buch werden, ein Vademecum, das man von vorne bis hinten lesen kann, aber nicht muss, einfach geordnet und von einem lockeren Faden zusammengehalten. Es sollte ein Buch mit Thesen und deren Begründungen sein, dem man spontan zustimmen oder widersprechen kann, denn mit Zustimmung und Widerspruch stehen die Leser bereits mit beiden Beinen in der Demokratie. Es sollte ein Buch werden, das erklärt, was wir uns mit der Demokratie versprochen haben, warum wir ein solches Versprechen eingehen – und auf welche Zumutungen wir uns mit diesem Versprechen einlassen.

So weit meine Wünsche. Herausgekommen ist leider nur dieses Buch.

Christoph Möllers

Demokratische Demokratietheorie

1 Durch die Brille der Demokratie bietet die Welt der Politik einen enttäuschenden Anblick. Aber lassen wir uns durch die Enttäuschung nicht täuschen. Sie ist Ausdruck von übertriebenen Erwartungen an die politische Ordnung, zumal wenn wir einsehen, dass in der Geschichte freiheitliche Zustände die Ausnahme blieben. Ein bestimmtes Maß an Unzufriedenheit mit der Demokratie gehört zu ihr. Keine Demokratie ist überall dort demokratisch, wo es geboten wäre: Demokratie setzt einen Maßstab, der nicht zu erfüllen ist. Eine mit sich zufriedene Gemeinschaft bedürfte auch gar keiner demokratischen Verfahren, um sich weiterzuentwickeln. Demokratische Ordnungen enthalten also stets ein unerfülltes Versprechen. Aber an welchen Stellen ist Unzufriedenheit begründet und an welchen ist sie nur Folge falscher Erwartungen? Dies ist ein Thema der Theorie der Demokratie.

2 Eine Theorie der Demokratie muss auch klarstellen, was Demokratie nicht ist. Dies versteht sich nicht von selbst, schon weil der Begriff Demokratie als Projektionsfläche für politische Wünsche dient, die mit ihm wenig zu tun haben. Eine besondere Schwierigkeit der Idee der Demokratie – wie der Freiheit allgemein – liegt darin, dass sie zugleich für vieles notwendig und für wenig hinreichend ist: Ohne demokratische Herrschaft erscheint vieles von vornherein ausgeschlossen, etwa die politische und soziale Emanzipation ganzer Schichten; aber durch demokratische Herrschaft allein ist noch nicht viel erreicht. Um mehr Klarheit zu gewinnen, bedarf die Idee der Demokratie genauer Konturen. Demokratie ist nicht einfach eine gute politische Ordnung, ja in jeder Demokratie widersprechen manche unserer politischen Wünsche demokratischen Grundsätzen. Alle würden ihre Präferenzen am liebsten ohne demokratische Prozeduren durchsetzen können, und weil es allen so geht, können wir uns auf demokratische Prozeduren einigen. Was innerhalb dieser Prozeduren entschieden wird, gehört nicht mehr zum Begriff der Demokratie.

3 Demokratie ist ein zugleich radikales und offenes Konzept. Dieser Zusammenhang ist nicht einfach zu verstehen: Radikalität wird gerne mit Enge verwechselt, Offenheit mit Weichheit. Stellen wir uns also ein weites Terrain mit gut erkennbaren Grenzen vor. Innerhalb dieser Grenzen finden sich viele weit auseinanderliegende Einrichtungen, die zur Demokratie gehören: unterschiedliche Formen zu wählen oder abzustimmen, eine Vielfalt von Möglichkeiten, dem Staat Aufgaben zu geben oder zu nehmen, unterschiedliche Varianten der Arbeitsteilung zwischen den Staatsgewalten, verschiedenste Parteiensysteme, variable Grenzen zwischen öffentlichen und privaten Angelegenheiten und so weiter. Alle diese Möglichkeiten sind demokratisch, wenn sie sich auf einen bestimmten Zugang zu politischer Herrschaft zurückführen lassen. Wir mögen sie aus anderen Gründen für richtig oder falsch halten, aber darauf kommt es hier nicht an. Entscheidend bleibt: Die Idee der Demokratie zieht Grenzen, aber innerhalb dieser gibt es weite Möglichkeiten, sich zu entscheiden. Um diese Grenzen zu bestimmen, bedarf es eines demokratischen Minimalismus, einer Theorie der Minimalanforderungen an Demokratie, die Raum für Alternativen lässt.

4 Das Nachdenken über Demokratie vollzieht sich nicht in demokratischen Formen, muss aber die demokratische Praxis respektieren. Die Frage, was Demokratie bedeutet, ist nicht in einem demokratischen Verfahren zu bestimmen. Wie jede Frage nach der Bedeutung eines Begriffs kann sie spezialisiert oder popularisiert beantwortet werden. Wenn sich Theoretiker um den Begriff der Demokratie kümmern, entsteht jedoch ein Problem, denn in theoretischen Auseinandersetzungen können keine demokratischen Standards gelten. Es wird nicht abgestimmt. So besteht die Gefahr, dass sich die politische Theorie Herrschaft aneignet, indem sie definiert, was demokratisch ist und was nicht. Wissen am Ende nur politische Theoretiker, wer zum »Volk« gehört und wie sein »Wille« zu ermitteln ist? Diese Gefahr besteht, sie kann aber keinen Einwand gegen Demokratietheorie begründen. Die Tatsache, dass Nachdenken über Politik politischen Einfluss haben kann, darf nicht dazu führen, dieses Nachdenken zu unterbinden. Im Gegenteil braucht eine Demokratie auch Räume des Nachdenkens über sich selbst, die nicht demokratisch legitimiert sind, in denen nicht abgestimmt wird. Trotzdem ist es wichtig, an das fehlende demokratische Mandat dieses Nachdenkens zu erinnern. Ist sich die Demokratietheorie dessen bewusst, so wird klar, dass eine ihrer wichtigen Aufgaben darin bestehen muss, Fragen offenzuhalten und keine eindeutigen Antworten anzubieten. Manche Theorie liefert im Namen der Demokratie eine gute Weltordnung.[2] Das allerdings verfehlt, wie wir sehen werden, jeden auch nur halbwegs trennscharfen Begriff von Demokratie; es verfehlt auch die Aufgabe der Demokratietheorie. In nur leichter Abwandlung der bekannten Formulierung Richard Rortys vom Vorrang der Demokratie vor der Philosophie[3] soll es hier darum gehen, den Vorrang der Demokratie vor der Demokratietheorie zu rehabilitieren.

5 Ein Buch über Demokratie sollten alle verstehen können – wenn sie sich bemühen. Wenn wir gegenüber der Berechtigung der Demokratietheorie misstrauisch sind, dann sollten wir sie so zu formulieren suchen, dass sie alle verstehen. Diesem Ideal wird dieses Buch nicht gerecht werden, obwohl es *keinen* wissenschaftlichen Anspruch hat. In jedem Fall wird der Text anstreben, sich selbst zu erklären, also lesbar zu sein, ohne dass die Leser sich in der Theorie der Demokratie auskennen. Wenn es zur Demokratie gehört, allen die Möglichkeit zu geben, an ihr teilzunehmen, so müssen umgekehrt auch alle bereit sein, sich für politische Fragen und damit auch für die Demokratie zu interessieren. Demokratie unterstellt allen die Fähigkeit, ihre eigenen Angelegenheiten beurteilen zu können. Aber sie setzt auch unser aller Bereitschaft voraus, uns auf Dinge einzulassen, von denen wir erst einmal wenig oder nichts verstehen. Demokratien fordern die heraus, die sich mit Hilfe der Demokratie selbst regieren wollen. Dies gilt auch für das Nachdenken über Demokratie. Ein solches emanzipatorisches Ideal klingt heute altmodisch, aber es dürfte in der Sache erst überwunden sein, wenn es mit der Demokratie vorbei ist.

6 Wenn wir in der Demokratie über die Demokratie reden, dann reden wir über uns. Die Wir-Form in diesem Buch enthält damit ein demokratisches Programm. Der demokratische Plural, »wir«, kommt nicht immer leicht über die Lippen oder auf das Papier – das ist ein interessantes Indiz in der Beobachtung der Demokratie. Wann verstehen wir uns als Teil einer kollektiven Identität? Wann können wir »wir« sagen, ohne dass es schmerzt? »Wir« ist die grammatikalische Form demokratischer Herrschaft, in der man konsequenterweise nicht von »den Politikern« oder »dem Staat« reden kann, ohne in Abrede zu stellen, dass man in einer Demokratie lebt. In der Demokratie handeln nicht andere für uns, sondern wir handeln. Wenn diese Form Leser irritiert, so mag dies eine Irritation über die Argumentation des Buches oder über die Sache der Demokratie selbst sein. Beide Irritationen dürften dem Nachdenken helfen.

7 Zwischen Kritik und Rechtfertigung der Demokratie sollten wir uns nicht entscheiden. Eine stimmige Theorie der Demokratie soll sowohl Maßstäbe für demokratische Ordnungen entwickeln als auch erklären können, dass Abweichungen von solchen Maßstäben zur Demokratie gehören. Die erfolgreichsten Verächter der Demokratie idealisierten die Demokratie, um sie dann wegen ihres vermeintlichen Verrats an den eigenen Idealen zugunsten autoritärer Ordnungen verwerfen zu können.[4] Gerade der deutschen Diskussion fehlt es an Verständnis dafür, dass Demokratie ein normatives Konzept ist: Wir stellen im Namen der Demokratie einen Anspruch an uns – und wir geben diesen Anspruch nicht auf, nur weil wir ihm nicht immer genügen. Nur wenn wir das verstehen, können wir die Realität an diesem Anspruch messen und das Misslingen im Konkreten, das zu jeder Demokratie gehört, richtig bewerten. So gesehen, gibt es eine realistische Sicht der Demokratie überhaupt nur, wenn wir ihren normativen Anspruch verstanden haben. Der Weg zur Wirklichkeit der Demokratie führt immer über ihre Ansprüche an sich selbst.

8 Die Lehrmeister dieses Buches sind neben vielen anderen, die im Buch zu nennen sein werden, vor allem Immanuel Kant und Jean-Jacques Rousseau, die Väter einer egalitären Demokratietheorie, deren Unterschiede gerade in Deutschland überschätzt werden, Hans Kelsen, der die Formbedürftigkeit der Demokratie konsequent zu Ende gedacht hat, John Dewey und Richard Rorty, die die Wandelbarkeit demokratischer Ordnungen als eine ihrer zentralen Leistungen erkannt haben, und Chantal Mouffe, soweit sie daran erinnert, dass Demokratie auch heute nicht im Schutz von Grundrechten aufgehen kann.

9 Die Grundannahmen dieses Buches lauten in einem Absatz: Demokratie ist nicht nur eines unter vielen gleich richtigen politischen Prinzipien: Entweder entstehen alle politischen Präferenzen auf demokratischer Grundlage oder wir entscheiden uns gegen die Demokratie. Wir leben nicht in einer demokratischen Ordnung, um bestimmte Probleme zu lösen, sondern weil dies am besten zum Ausdruck bringt, wie wir uns selbst verstehen: als freie Personen unter wechselseitiger Anerkennung der Freiheit aller anderen. Die Annahmen, auf denen eine Demokratie beruht, können aufgegeben, aber nicht widerlegt werden. Sie sind Ergebnis einer Entscheidung, nicht einer – möglicherweise irrigen – Erkenntnis. Sie sind normativ. Welche Voraussetzungen für eine Demokratie notwendig sind, kann nur demokratisch entschieden werden. Demokratie ist eine freischwebende Herrschaftsform, die ihre eigenen Bedingungen immer wieder neu herstellen und verändern muss. Beweglichkeit und Veränderbarkeit sind zentrale Leistungen der Demokratie. Um zu wissen, was wir als Demokratie wollen, bedürfen wir bestimmter Formen. Es gibt keinen Willen des Volkes vor der Demokratie, sondern erst demokratische Verfahren bringen ihn zum Ausdruck. Demokratien funktionieren nicht repräsentativ, sondern expressiv. Sie produzieren einen demokratischen Willen durch Verfahren. Herrschaftslosigkeit ist kein demokratisches Ideal. Demokratie macht Herrschaft vielmehr ausdrücklich und ermöglicht es erst dadurch, Herrschaft zu legitimieren. Demokratische Identität, unser demokratisches »Wir«, entsteht nicht im Konsens, der immer implizit bleiben kann, sondern im expliziten Konflikt, der beide Seiten verbindet. Demokratie ist auf gemeinsames Handeln ausgerichtet, auch wenn es keine Garantie gibt, dass dieses funktioniert. So verhält es sich mit der Demokratie wie mit unserer individuellen persönlichen Freiheit: Wir geben sie nicht auf, nur weil wir an ihre Grenzen stoßen. Gegenüber der Demokratie gibt es keinen neutralen Realismus, oder anders formuliert, es ist »realistisch« anzunehmen, dass Demokratien nur mit Idealismus funktionieren, also nur, wenn ihre Mitglieder Demokratie zugleich verstehen und wollen. Funktionierende Demokratien haben stets etwas von einer self-fulfilling prophecy. Grenzen der Demokratie ergeben sich nur aus ihr selbst. Wenn in einer freiheitlichen Ordnung alles der Selbstbestimmung unterfallen muss, sind nur solche Entscheidungen von vornherein ausgeschlossen, die die Demokratie selbst in Frage stellen. Unser Unbehagen an der Demokratie hängt nicht zuletzt an unseren widersprüchlichen Erwartungen an demokratische Herrschaft und der Kränkung darüber, dass demokratische Herrschaft allen anderen so viel Raum gibt wie uns selbst.

Demokratische Versprechen

10 **Demokratie hat keinen guten Ruf, aber auf seine demokratische Gleichheit verzichtet niemand gern.** In meinem Unterricht an der Universität herrscht wenig Begeisterung für die Demokratie. Kaum jemand im Publikum würde sie gegenüber anderen Grundsätzen politischer Ordnung absolut bevorzugen. Warum sollte Demokratie wichtiger, wertvoller oder grundlegender sein als Rechtsstaatlichkeit, Wohlfahrt, Sicherheit oder soziale Gerechtigkeit? Ist sie nicht nur ein gutes politisches Prinzip unter vielen? Solche Zweifel lassen sich erfahrungsgemäß nur durch einen einzigen Hinweis zerstreuen: den Hinweis auf die demokratische Gleichheit. Also sage ich zu den Studierenden »Wenn ich Euch zugebe, dass es wichtigere politische Prinzipien als die Demokratie gibt, gebt ihr mir zu, dass wir politisch nicht gleichwertig sind.« Denn entweder rechtfertigt der Hinweis auf andere Prinzipien nichtdemokratische Entscheidungen – dann sind wir, etwa als Lehrer und Student, in politischen Fragen nicht mehr gleich. Der Lehrer gestattet es sich dann aufgrund seiner Erfahrung und Ausbildung, einen größeren Anteil an politischem Einfluss in Anspruch zu nehmen – am besten ein doppeltes Stimmrecht. Oder es müssen doch alle Entscheidungen, also auch die über Sicherheit, Wohlfahrt und Gerechtigkeit, demokratisch getroffen werden. Dann bleibt es dabei, dass Demokratie einen kategorial anderen Status genießt als alle anderen Prinzipien, dass alle Entscheidungen auf Grundlage demokratischer Gleichheit zu treffen sind. Die Gleichheit der Zugehörigen ist der Ausgangspunkt sowohl der klassischen athenischen als auch der revolutionären republikanischen Demokratietheorie.[5] Wörtlich bezeichnet der Ausdruck Demokratie die Herrschaft des Volkes. Das ist in seiner positiv gewendeten Bedeutung die Selbstherrschaft einer Gruppe oder auch die Herrschaft der Beherrschten.[6] Wenn die Glieder einer Gruppe nicht fremdbestimmt sein wollen, dann dürfen sie nicht von außen beherrscht werden. Außen: das können nicht zugehörige Personen sein wie fremde Besatzer – oder es bezeichnet nicht selbst gegebene Regeln, beispielsweise religiöser Natur. Innerhalb der Gruppe müssen alle Mitglieder einer demokratischen Gemeinschaft als Gleiche behandelt werden, sonst würden einzelne Mitglieder durch andere Mitglieder fremdbestimmt.

11 Demokratie verbindet Gleichheit mit Freiheit. Gleiche Freiheit ist der Ausgangspunkt der Demokratie. Denn wenn eine Person zwei Stimmen hat, hat sie eine mehr als ich – und bestimmt dadurch mehr über mich als ich über sie. Wir können also in allem ungleich sein, nicht aber in unserer Freiheit. In der Ausgestaltung einer politischen Ordnung gibt es daher keinen Widerspruch zwischen Gleichheit und Freiheit, vielmehr gehören beide notwendig zueinander.[7] Jede Beschränkung der demokratischen Gleichheit führt zu einer Verkürzung von Freiheit.

12 Demokratische Gleichheit ist nicht Gleichheit. Die demokratische Gleichheit betrifft nur eine spezifische, wenn auch sehr wichtige unserer Eigenschaften: eben unsere politische Freiheit. Ansonsten bleiben wir unterschiedlich – auch in den Möglichkeiten, aus unserer demokratischen Freiheit etwas zu machen. Es ist etwa für diejenigen einfacher, ihre gleiche Freiheit zu nutzen, die gut reden können oder wohlhabend sind. Trotzdem beschränkt sich die Demokratie im Ausgangspunkt auf die Gleichheit der Freiheit. Wer mehr Gleichheit verlangt, stellt die Demokratie in Frage, weil er bereits vorgibt, was doch erst demokratisch entschieden werden soll. Die Gleichheit frisst dann die Freiheit auf. Ein extremes Beispiel: Carl Schmitt vertrat die Ansicht, nur die »Artgleichheit« der Beteiligten ermögliche eine Demokratie, denn nur so sei die Entstehung eines einheitlichen demokratischen Willens möglich.[8] Schmitt wollte die demokratische Gleichheit dazu nutzen, Widersprüche und Konflikte innerhalb der Demokratie auszuschließen. Aber gerade Konflikte, die ja nicht selten durch Ungleichheit zwischen Armen und Reichen oder zwischen Ethnien entstehen, sind ein Grund für demokratische Herrschaft. Demokratische Willensbildung braucht stets einen Raum der Widersprüche. Über andere Gleichheitsprobleme, über soziale Ungleichheit, über gleiche Erziehung, ist auf der

Grundlage demokratischer Gleichheit zu entscheiden. Eine Gemeinschaft mag sich das Ziel sozialer Gleichheit setzen und eine bestimmte Wirtschaftspolitik vornehmen, um dieses Ziel zu erreichen. Solange beides umstritten ist, muss darüber demokratisch entschieden werden. Demokratische Gleichheit geht in der Demokratie aller anderen Gleichheit vor.

13 Denken wir uns am Beginn der Demokratie ein Versprechen wechselseitiger Anerkennung gleicher Freiheit. Warum sollten wir uns ein solches Versprechen geben? Weil wir in einer Gemeinschaft leben wollen, ohne unsere Individualität aufzugeben. Demokratische Gleichheit ermöglicht Eingliederung ohne die Unterwerfung in Ungleichheit. Demokratie ist Vergemeinschaftung ohne Selbstaufgabe. Wir sprechen dabei von Anerkennung, weil schon der systematische Anfang der Demokratie demokratisch, also selbstbestimmt sein muss: Eine aufgezwungene Demokratie wäre ein Widerspruch in sich. Daher denken wir uns gleiche Freiheit ihrerseits als das Ergebnis einer Entscheidung, die auch anders hätte ausfallen können. Wir sind weder durch Moral noch durch Religion zur Demokratie gezwungen, sondern wir entscheiden uns für sie, für eine ganz bestimmte, keineswegs universale oder notwendige Form, Herrschaft zu organisieren. Niemand muss sich auf diese Form einlassen. Wir können Demokratie für uns auch anders verstehen: als gottgewollte oder durch einen moralischen Imperativ gebotene Ordnung. Nicht ohne Grund sind die religiösen Wurzeln demokratischer Organisationsformen ein großes Thema der Ideengeschichte. Aber wie auch immer sich demokratische Formen historisch entwickelt haben, systematisch lässt sich Demokratie nur als Folge unserer eigenen Entscheidung begründen, selbst wenn das Motiv undemokratisch ist. Sonst wäre die Ordnung der Selbstbestimmung das Ergebnis von Fremdbestimmung.

14 Aus demokratischer Gleichheit folgt gleiche Freiheit. Bei allen faktischen Unterschieden haben wir uns als normativ gleich anerkannt – in unserer Beteiligung an demokratischen Entscheidungen und auch in den Freiheitssphären, die wir mit Hilfe dieser demokratischen Entscheidungen definieren und gestalten.

Wie weit die Meinungsfreiheit reicht, darüber müssen wir uns demokratisch einigen. Dass sie für uns alle gleich weit reicht, folgt daraus, dass wir dieser Freiheit die Form eines für alle geltenden Rechts geben. Ein Recht, das nicht für alle Berechtigten gleich ausgestaltet ist, verliert seinen Charakter als Recht – es wird zu einem Privileg. In dieser Formalisierung von Freiheitssphären liegt der Eigenwert der Rechtsform.[9]

15 Es gibt kein demokratisches Versprechen ohne freie Willensbildung. Auch freie Willensbildung ist Teil des demokratischen Versprechens. Ob wir tatsächlich einen freien Willen haben, der uns entscheidungsfähig macht, können wir nicht wissen. Wir wollen aber so behandelt werden, als hätten wir einen, und wir verpflichten uns dazu, auch die anderen entsprechend zu behandeln, wenn wir sie als frei anerkennen.[10] Was dies genau bedeutet, etwa für die Frage, wie alt wir sein müssen, um Verantwortung übernehmen zu können, oder wieviel Sorgfalt wir anwenden, wenn wir ein Auto fahren, müssen wir im Einzelnen demokratisch entscheiden. In jedem Fall ist für eine demokratische Ordnung Willensfreiheit niemals ein Faktum, das sich im Labor entdecken lässt. Die Unterstellung von Willensfreiheit ist vielmehr Teil der Entscheidung für die Demokratie, die ohne diese Fiktion nicht denkbar wäre. Manchen Menschen, die eigentlich vollberechtigte Mitglieder einer demokratischen Ordnung sind, unterstellen wir diese Willensfreiheit erst einmal nicht: Kindern oder geistig Eingeschränkten. Diese Ausnahmen müssen wir rechtfertigen und immer wieder überprüfen, wollen wir das demokratische Versprechen halten. Je intensiver die Willensfreiheit empirisch in Frage steht, etwa durch die Hirnforschung, je härter wir mit anderen, seien es Tiere, seien es Maschinen, um den Status als ausgezeichnete Wesen konkurrieren, desto deutlicher wird dieser demokratische Aspekt der Willensfreiheit: Sie ist Ausdruck unserer Entscheidung, auf eine Art und Weise zu leben, die die Verantwortlichkeit individueller Wesen kennt.

16 Mit der demokratischen Anerkennung unterstellen wir uns ein gleiches Urteilsvermögen. In der Demokratie sind nicht alle gleich klug, gebildet oder erfahren. Aber die Demokratie unterstellt allen das gleiche Vermögen, eigene und öffentliche Angelegenheiten zu beurteilen, wenn sie gleiche politische Entscheidungsrechte vergibt. Diese Unterstellung ist nicht als barmherzige Nivellierung bestehender intellektueller Unterschiede zu verstehen. Vielmehr ist politisches Urteilsvermögen keine Fähigkeit, die einfach mit Ausbildung oder Intellektualität zunehmen würde, wie nicht zuletzt die Verführbarkeit von Intellektuellen durch den Totalitarismus des 20. Jahrhunderts zeigt. Politische Urteilskraft betrifft die elementare Fähigkeit, beurteilen zu können, was für das eigene Leben richtig und wichtig ist und was nicht. Die Sicht auf unsere eigenen Angelegenheiten ist aber ebenso intensiv wie verzerrt. Auf Argumente zugunsten von Ängsten und Vorurteilen zu verzichten ist für alle eine Versuchung unabhängig vom Bildungs- und Erfahrungsstand. Aus diesem Grund traut die Demokratie mit der gleichen Freiheit allen die gleiche Urteilskraft zu.

17 Schuld und Strafe, Brüderlichkeit und Solidarität sind Teil des demokratischen Versprechens. Für voll nehmen wir nur jemanden, den wir für seine Handlungen zur Verantwortung ziehen können. Wir entscheiden uns demokratisch dafür, ihm die Folgen seines Handelns zuzurechnen. Die Idee der Schuld hat eine demokratische Wurzel. Sie kann als solche auch nicht empirisch widerlegt werden. Wenn wir dazu kämen, alles, was wir tun, nur noch aus den Umständen unserer Herkunft, unserem Umfeld, unserer Familiengeschichte, unseren Körperfunktionen zu verstehen, würden wir eben nicht nur Schuld und Strafe, sondern auch unsere demokratische Selbstbestimmung aufgeben. Umgekehrt versprechen wir uns auch, uns nicht so zu behandeln, dass wir nur noch auf unsere Körperlichkeit reduziert werden. Demokratie umfasst auch ein Minimum an Brüderlichkeit, die dort endet, wo die Ersten verelenden, also nur noch als Körper funktionieren.[11] Diese Solidarität umfasst nicht die Garantie eines bestimmten Lebensstandards, sondern nur die Grundlagen, die es erlauben, Entscheidungen treffen zu können.

18 Das demokratische Versprechen bedarf permanenter Erneuerung. Über seinen Inhalt werden wir nicht aufhören zu streiten. Anders als ein Gesellschaftsvertrag muss sich unser demokratisches Versprechen immer wieder erneuern. Es begründet nicht ein für allemal eine Ordnung, sondern es muss für jede Generation neu in Geltung gesetzt werden können. Inhalt des demokratischen Versprechens sind die Teile unserer Ordnung, die sie als eine demokratische Ordnung auszeichnen, die wir also nicht ändern können, ohne dass die Ordnung aufhört, demokratisch zu sein. Alle anderen Entscheidungen fallen auf dieser Grundlage. Doch selbst die Frage, welches die Grundgehalte des demokratischen Versprechens sind und was aus ihnen folgt, werden in der Demokratie permanent umstritten sein. Demokratien ruhen nicht auf einem Fundament. Sie sind in ständiger Bewegung, einem Schiff vergleichbar, das repariert wird, während es auf See ist.[12] Demokratisch bleibt die Ordnung, solange sie den Grundsatz gleicher Freiheit respektiert und in allen anderen Belangen diesem Grundsatz entsprechend geändert werden kann.

19 Ein demokratisches Versprechen haben wir praktisch niemals geleistet. Demokratien entstehen undemokratisch. Historisch sind die allerwenigsten Demokratien demokratisch entstanden.[13] Das demokratische Versprechen ist eine Anfangserzählung, eine Geschichte, mit deren Hilfe wir uns erzählen und erklären, wie es zu einer demokratischen Ordnung kam und was sie bedeutet. Sie gibt uns ein Bild davon, was wir mit Demokratie meinen: eben eine Ordnung aufgrund einer freiwilligen Verpflichtung wechselseitiger Anerkennung als gleich frei. Dieser sparsame Bezugspunkt hilft uns dabei, einen demokratischen Minimalismus zu formulieren, den Mindeststandard, der für demokratische Herrschaft notwendig ist. Auf einen solchen Mindeststandard beschränken wir uns, weil wir ansonsten der demokratischen Praxis den Vortritt vor der Theorie der Demokratie lassen **→4**. Wir wollen hier verstehen, wo Demokratie beginnt und endet, aber nicht vorgeben, welche Entscheidungen sie treffen soll. Natürlich lassen sich andere Anfangserzählungen für unsere politische Ordnung denken und dem demokratischen Versprechen entgegensetzen.[14] Diese Erzählungen mögen ebenso plausibel erscheinen, sie führen uns nur nicht zu unserem Verständnis von Demokratie. Wir werden zu dieser Anfangserzählung immer wieder zurückkehren, um genauer zu klären, was wir meinen, wenn wir von Demokratie sprechen.

20 **Werden wir in eine demokratische Ordnung hineingeboren, so ist sie für uns nur verbindlich, sofern wir die gleiche Chance haben, sie zu verändern.** Ein Versprechen zeichnet aus, dass es freiwillig eingegangen wurde, aber nicht einseitig aufgegeben werden kann. Doch werden wir unfreiwillig geboren, gelangen also auch unfreiwillig in eine demokratische Ordnung. Stimmen wir der Ordnung zu, sobald wir können, ist die Ordnung uns gegenüber legitimiert. Sind wir nur im Großen und Ganzen einverstanden, aber nicht im Detail, etwa in der Art, wie gewählt wird, dann müssen wir die gleiche Chance wie alle anderen haben, daran etwas zu ändern. Glauben wir nicht an die Möglichkeit von Selbstbestimmung, so können wir unserer eigenen Vorstellung nach ohnehin nichts machen. Wollen wir keine selbstbestimmte Ordnung für uns, so müssen wir die Wahl haben, die Ordnung zu verlassen oder zu ändern. Solange Demokratien veränderungsoffen sind, haben wir Nachgeborenen also nicht weniger Rechte als die Teilnehmer am fiktiven demokratischen Gründungsversprechen.

21 **Die Demokratie verspricht keine Herrschaftslosigkeit. Wo Demokratie ist, wird Herrschaft sichtbar und ausdrücklich.** Das demokratische Versprechen unterwirft uns unserer eigenen Herrschaft, weil es auch die Entscheidung für ein Leben mit anderen enthält. Wozu bedarf es Herrschaft, wenn wir in einer Demokratie leben wollen? Ist Demokratie nicht nur ein umständlicher Ausdruck für Herrschaftslosigkeit? Die Vermutung, dass Freiheit zum »Absterben« von Herrschaft führe, ist aus dem frühen Deutschen Idealismus bekannt, sie wanderte in den Marxismus und noch heute finden wir entsprechende Formulierungen in der postmodernen politischen Theorie, etwa bei Agamben.[15] Aber solange Menschen in Formen der Vergemeinschaftung leben, also nicht für sich allein, wird die Möglichkeit bestehen, dass sie sich wechselseitig unterwerfen. Die Demokratie erkennt dies an und trifft eine ausdrückliche Entscheidung für Herrschaft. Sie verspricht keine herrschaftslose Zukunft, sondern nur eine besondere Form der Herrschaft. Sie holt bestehende Herrschaft aus dem Zustand des Versteckten und Informellen, wie sie zwischen Ungleichen besteht, heraus; sie macht Herrschaft ausdrücklich, sichtbar und erst dadurch bewusst veränder- und demokratisierbar. Verzichten könnten wir auf Herrschaft nur, wenn wir die wechselseitige Anerkennung des demokratischen Versprechens alle verinnerlicht hätten. Dies erscheint schon praktisch unwahrscheinlich. Denn erst demokratische Regeln erinnern uns daran, worin demokratische Anerkennung im konkreten Fall besteht. Zudem würde die Verinnerlichung demokratischer Regeln ein Umerziehungsprogramm voraussetzen. Das Versprechen der Herrschaftslosigkeit und der Totalitarismus sind darum nahe Verwandte.

22 Die Demokratie verspricht kein gutes Leben. Gleiche Freiheit ist die Voraussetzung einer selbstbestimmten Gemeinschaft, aber was die Einzelnen und die Gemeinschaft mit ihrer Selbstbestimmung tun, ist, eben weil es um Selbstbestimmung geht, völlig offen. Selbstbestimmung kann gelingen oder scheitern, es kann Überfluss oder Armut, eine gerechte oder eine ungerechte Ordnung dabei herauskommen – und selbst die Maßstäbe für Gelingen und Scheitern unterliegen der Selbstbestimmung. »The Constitution only gives people the right to pursue happiness. You have to catch it yourself.« (Benjamin Franklin). Wollten wir uns auf diese Zumutung nicht einlassen, sollten wir uns gegen die Demokratie entscheiden. Wenn die Demokratie kein gutes Leben verspricht, so folgt umgekehrt aus dem guten Leben auch keine demokratische Legitimation. Wohlfahrt, materielle Sicherheit, Output kann es auch in einer autoritären Ordnung geben, die uns versorgt, ohne dass wir uns in ihr anerkennen.

23 Freiheit vor Herrschaft und Freiheit durch Herrschaft treten in der Demokratie in eine permanente Konkurrenz. Für diese Konkurrenz gibt es nur vorläufige Lösungen. Bin ich nur frei, wo ich von den anderen, seien es andere Bürger, sei es die demokratische Ordnung, in Ruhe gelassen werde? Es ist in der Tat plausibel, dass ich dort frei bin, aber wenn ich mich für die Mitgliedschaft in einer Demokratie entschieden habe, wenn ich aus dem Verkehr mit anderen Nutzen ziehen will, dann enthält dieser Eindruck nur die halbe Wahrheit. Wenn ich die anderen brauche, um meine Selbstbestimmung zu verwirklichen, dann erweitert gemeinsames Handeln die Reichweite meiner Freiheit. Wenn ich nur sprechen kann, wenn ich mich an Regeln halte, die auch die anderen befolgen, dann geben mir erst diese Regeln die Freiheit, zu kommunizieren.[16] Demokratische Herrschaft kann Freiheit ermöglichen. Weil ich immer schon Teil einer Gemeinschaft bin, ist die demokratische Ordnung eine Voraussetzung meiner Freiheit, die mir die Möglichkeit gibt, meinen Handlungsrahmen zu vergrößern. Umgekehrt kann demokratische Herrschaft meine Freiheit bedrohen. Auch in einer Demokratie werden Personen enteignet und verhaftet. Ich kann frei sein, wenn ich allein in meinem Garten stehe. Ich kann frei sein, indem ich mit anderen eine Stadt gründe. In der Regel lassen sich beide Freiheiten unterscheiden, aber nicht trennen. Wenn ich allein in meinem Garten stehe, so entsteht diese Freiheit auch durch die demokratischen Regeln, die mein Eigentum definieren und schützen. Entgegen den meisten Theorien demokratischer Herrschaft gibt es für das Verhältnis zwischen Freiheit vor Herrschaft und Freiheit durch Herrschaft, anders formuliert: zwischen individueller und demokratischer Freiheit in der Demokratie, keine eindeutige Lösung. Die Demokratie schafft in der Anerkennung von Individuen in einer Gemeinschaft gerade diesen Widerspruch, dessen Auflösung sie immer wieder neu verhandeln muss.

24 Zwischen den Angelegenheiten der demokratischen Gemeinschaft und unseren persönlichen verläuft eine Grenze, die wir verändern, aber nicht aufgeben können. Mit dem demokratischen Versprechen verschmelzen die Mitglieder nicht zu einer Gemeinschaft. Sie versprechen sich ja gerade die wechselseitige Anerkennung als gleich freie Individuen. Das bedeutet auch, dass sie ihre Angelegenheit so lange selbst regeln können, wie darüber nicht demokratisch entschieden wurde. Die demokratische Gemeinschaft kann und sollte Grenzen der Privatheit definieren und besonders schützen. Aber eine absolute Grenze zwischen öffentlichen demokratischen Angelegenheiten und privaten individuellen folgt daraus nicht. Dies ist schon deshalb ausgeschlossen, weil jeder anders definieren wird, wo diese Grenze beginnt, und weil Privates und Öffentliches nicht immer auseinanderzuhalten sind. Auf den ersten Blick sind Familie und Sexualität private Angelegenheiten, aber diese Plausibilität gilt nicht für Vergewaltigung in der Ehe oder Kindesmissbrauch. Die Grenze zwischen privat und öffentlich wird in der Demokratie zugleich vorausgesetzt und permanent verschoben.

25 Unsere persönlichen Angelegenheiten müssen wir nicht demokratisch regeln. Theoretisch ließen sich alle Fragen demokratisch regeln, aber nicht immer erscheint dies plausibel. Freundschaften lassen sich nur auf der Grundlage wechselseitiger Anerkennung als gleichwertig denken, trotzdem können sie durch demokratische Herrschaft weder ermöglicht noch erhalten werden. Ein vollständiger Zugriff demokratischer Herrschaft auf das ganze Leben würde die Grenze zwischen eigenen und politischen Dingen aufgeben, die das demokratische Versprechen zwar nicht fest bestimmt, aber doch voraussetzt **→24**. Dies erfüllte kein demokratisches Ideal, sondern wäre selbstzerstörerisch. In vielen Fällen ist eine »Demokratisierung«, die Einführung von Mitbestimmungsmechanismen, denkbar, aber vom Zugriff demokratischer politischer Herrschaft zu unterscheiden. Eine solche »Demokratisierung« folgt nicht den Bedingungen strenger Gleichheit, sondern geschieht innerhalb eines Raums privater Freiheit: Wenn eine evangelische Gemeinde sich basisdemokratisch organisiert, eine katholische Diözese aber nicht, dann stehen beide Entscheidungen außerhalb der Reichweite demokratischer Herrschaft. Es sind private Entscheidungen einer Gruppe für oder gegen Demokratisierung, aber jenseits der Demokratie. Und doch: Bilden sich zu viele Räume autoritärer Privatheit, behindert dies die demokratische Anerkennung. Keine Demokratie kann nur aus öffentlich Gleichen bestehen, die zugleich privat Herren oder Sklaven sind.

26 Es ist demokratisch zu entscheiden, wer zur demokratischen Ordnung gehören soll. Wenn das demokratische Versprechen als eine Entscheidung zu verstehen ist, dann muss auch darüber entschieden werden, wer zur demokratischen Gemeinschaft gehört. Eine erste Antwort lautet: alle diejenigen, die an der Ordnung teilnehmen wollen und die von den anderen Teilnehmern auch als Teilnehmende gewollt werden. Im fiktiven

Zustand gäbe es nur Teilnehmer an der Demokratie oder Außenstehende, die nicht von ihr betroffen sind. Historisch war dies niemals der Fall. Vielmehr wurden und werden Ausländer der Demokratie unterworfen, der Polizei und der Steuer, ohne demokratische Rechte zu haben. Insofern ist die oft vorwurfsvolle Feststellung, Demokratien entstünden durch Ausschluss, in der Sache zutreffend, wenn auch nicht im Vorwurf. In der Demokratie müssen wir über die Zugehörigkeit zur Demokratie ebenso demokratisch entscheiden wie über alle anderen Fragen. Das gibt Demokratien aber natürlich nicht das Recht, sich Personen zu unterwerfen. Zu unterscheiden ist zwischen Personen, die in eine Gesellschaft hineingeboren werden, und solchen, die freiwillig in die Ordnung hineinkommen. Wer sich in eine demokratische Ordnung begibt, hat deswegen allein noch keinen Anspruch, von dieser als Mitglied politisch aufgenommen zu werden. So gibt es kein allgemeines Menschenrecht auf einen Bürgerstatus. Aber wenn die Zugewanderten mit Pflichten überzogen werden, oder wenn die nächste Generation in die Ordnung hineingeboren wird, lässt es sich nicht mehr rechtfertigen, sie von der Mitentscheidung über diese Regeln auszuschließen. Eine demokratische Ordnung, die sich mit Fremden auf Dauer einrichtet, von ihnen Steuern kassiert und ihnen gestattet, für immer zu bleiben, ohne sie an politischen Entscheidungen zu beteiligen, hört allmählich damit auf, dem eigenen demokratischen Anspruch zu genügen.

27 Der Ausschluss von Zugehörigen bricht das demokratische Versprechen. Bedarf die Aufnahme in eine demokratische Ordnung der demokratischen Entscheidung, so stellt sich die Frage, ob Mitglieder auch durch eine demokratische Entscheidung ausgeschlossen werden können. Das ist nicht der Fall. Dies folgt aus dem demokratischen Versprechen, das auch in der Aufnahme neuer Mitglieder gegeben wird. Zur Aufnahme neuer Mitglieder ist die Ordnung nicht verpflichtet **→26**, aber mit der Aufnahme hat die Ordnung ein Versprechen gegeben, aus dem sie auch durch eine demokratisch legitimierte Entscheidung nicht mehr herauskommt. Demokratische Entscheidungen können das demokratische Versprechen eben nur ausweiten und ausgestalten, aber nicht kündigen **→13**. Aus diesem Grund ist es in Demokratien regelmäßig möglich, einzubürgern, aber nur in besonderen Fällen zulässig, auszubürgern. Wenn ich ein neues Mitglied gültig aufnehme, so schmälert dies nicht den Akt der Anerkennung der anderen Mitglieder, auch nicht derjenigen, die gegen die Aufnahme neuer Mitglieder sind. Wen die Ordnung dagegen ausschließt, dessen Anerkennung beendet sie. Das demokratische Versprechen wird gebrochen.

28 Weil wir das demokratische Versprechen ursprünglich nicht geben konnten, haben wir das Recht, die demokratische Ordnung zu verlassen. Wurden wir in die Ordnung hineingeboren, so muss sie uns auch das Recht geben, sie zu verlassen, also auszuwandern. Und umgekehrt: Nur wenn wir alle die Möglichkeit haben, zu gehen, hat es einen demokratischen Wert, dass wir bleiben.

29 Versprechen kann man brechen, auch das demokratische Versprechen. Zu Ende gedacht endet die Demokratie mit jedem Verstoß gegen ihre Grundsätze. Was sie dem geringsten ihrer gleichen Brüder tut, das tut sie allen an. Aber Demokratie ist eine normative Ordnung, und ein Versprechen, das gebrochen wird, bleibt. Daher müssen wir zwischen der Bedeutung von Demokratie und den Folgen eines Bruchs demokratischer Regeln unterscheiden. Solange die Demokratie ihren eigenen Anspruch nicht aufgibt, muss auch über solche Konsequenzen undemokratischer Entscheidungen demokratisch entschieden werden.

Demokratischer Wille

30 Die Idee eines kollektiven Willens wirkt konstruiert, ist aber doch nicht konstruierter als die Idee eines individuellen Willens. Handelt es sich bei der Idee eines demokratischen Willens nicht nur um eine ungenaue Fiktion? Wo ist das demokratische »wir«, das etwas »will«? Eine alte Kritik an der Demokratie behauptet, dass es einen demokratischen Willen nicht geben könne.[17] Was aber bedeutet »geben« in dieser Annahme? Meint »geben« einen messbaren Sachverhalt? Dann kämen wir auch mit dem individuellen Willen in Schwierigkeiten.[18] Denn wir erleben im Moment, dass sich unsere Freiheit empirischer Suche entzieht. Jedenfalls für die praktischen Zwecke der Demokratie sollten wir uns eine andere Vorstellung vom Willen machen. Von Willen reden wir dort, wo wir jemandem unterstellen, dass er anders hätte handeln können, als er gehandelt hat.[19] Diese Unterstellung ist auch im Fall des individuellen Willens die Folge einer Regel. Wir unterstellen uns gegenseitig, dass wir die Wahl zwischen Alternativen haben und über die Möglichkeit verfügen, eine Alternative aus Gründen zu wählen, nicht durch Ursachen zu ihr gezwungen zu sein. Wir bekennen uns zu dieser Regel bereits mit dem demokratischen Versprechen **→15**. Diese Regel funktioniert für die kollektive Willensbildung nicht anders als für die individuelle. Kollektiver Wille erscheint uns deswegen weniger greifbar und anschaulich, weil er nicht mit einem Körper verbunden ist. Demokratischer Wille ist körperlos. Aber auch beim individuellen Willen kommt es auf den Körper als solchen nicht an, sondern auf eine besondere Leistung, die sich nicht allein durch Körperlichkeit erklären lässt. Demokratischer Wille ist das Ergebnis einer demokratischen Regel. Eine freischwebende Konstruktion, in der die Demokratie ihre eigenen Voraussetzungen unterstellt: »Wir« verabreden uns über unser »wir«, »wir« stellen eine Regel auf, wie »wir« »unseren Willen« äußern. Kollektiver und individueller Wille sind beide nichts Natürliches, sondern Folge eines normativen Selbstverständnisses.[20] Wir akzeptieren daher auch nicht jede Äußerung eines Menschen als Ausdruck seines Willens. Dazu müssen bestimmte Bedingungen erfüllt sein: er muss zum Beispiel bei Bewusstsein und nüchtern sein. Wir erkennen Willensschwächen bei Individuen an. Dasselbe tun wir bei demokratischen Entscheidungen,[21] wenn etwa eine Verfahrensregel nicht eingehalten oder der Gesetzgeber durch bestimmte Interessen überwältigt wurde.[22]

31 **Der demokratische Wille ist nicht Summe oder Abbild individueller Beiträge, sondern Resultat einer Verfahrensform gleicher Freiheit.** Kein demokratischer Wille ist denkbar ohne Regeln, die bestimmen, wie dieser Wille entstehen soll. Dabei gibt es so viele Varianten demokratischer Willensbildung wie Verfahren freier und gleicher Entscheidungsbeteiligung. Ob über das ursprüngliche Verfahren selbst demokratisch entschieden wurde, ist zweitrangig, wenn das Verfahren demokratisch geändert werden kann. Wieder erweist sich Demokratie als freischwebende Ordnung, die ihre eigenen Voraussetzungen schaffen muss. Ein demokratischer Wille entsteht, wenn ein Verfahren definiert ist, etwa als Gesetz zur Organisation einer Wahl. Ein demokratischer Wille besteht dagegen niemals allein aus einer formlosen Zusammensetzung individueller Beiträge wie bei einer Demonstration oder der Stürmung der Bastille, weil in solchen Ereignissen nicht sichergestellt ist, dass alle die freie und gleiche Möglichkeit der Mitentscheidung haben.

32 **Demokratische Willensäußerung bildet nicht ab, was bereits bestand, sie bringt zum Ausdruck, was in Verfahren erst entsteht. Demokratien sind nicht repräsentativ, sondern expressiv.** Hinter dem Begriff der Repräsentation verbirgt sich die Vorstellung der Widerspiegelung eines bereits Bestehenden. So wie wir spätestens seit Richard Rorty nicht mehr daran glauben, dass das Individuum einfach die Außenwelt in seinem Kopf abbildet,[23] so sollten wir aufhören zu glauben, der demokratische Wille repräsentiere etwas außerhalb seiner selbst. Demokratischer Wille ist nicht der Spiegel etwas Äußerlichen. Er ist Ausdruck einer gemeinsamen Praxis. Er entsteht durch die Institutionen, die wir für demokratische Politik eingerichtet haben. Deswegen gibt es auch nicht erst ein Volk – und dann seinen Willen. In einer Praxis schaffen wir einen Willen, dessen Autor – also uns – wir als Volk bezeichnen können. Statt von repräsentativer Demokratie wäre in Anlehnung an einen Sprachgebrauch aus der Sprachphilosophie von expressiver Demokratie zu sprechen.[24]

33 Die Unterscheidung zwischen repräsentativer und direkter Demokratie führt in die Irre. Jede demokratische Willensbildung ist Ergebnis eines Verfahrens, sie funktioniert vermittelt, nicht unmittelbar. Auch eine Volksabstimmung setzt Verfahren voraus, funktioniert also nicht »direkt«. Die Beantwortung einer Frage mit ja oder nein in einer Volksabstimmung zwingt zu klären, wer demokratisch legitimiert ist, solche Fragen an alle zu stellen. Solange Entscheidungen durch Volksabstimmung oder im Parlament jeweils die Grundsätze demokratischer Gleichheit einhalten, ist es sinnlos zu fragen, welches von beiden Verfahren demokratischer ist als das andere.[25] Probleme von Volksabstimmungen liegen an einer anderen Stelle. Anders als Parlamente oder Volksversammlungen haben Volksabstimmungen keinen institutionellen Ort, an dem die demokratische Willensbildung verstetigt werden kann →**38**. Die Entscheidung wird in der Volksabstimmung zwischen denjenigen, die die Frage stellen, und denen, die sie entscheiden, aufgespalten. Dadurch wird die Debatte auf Alternativen festgelegt, die Abstimmenden haben weniger Einfluss auf »ihre« Entscheidung als die Parlamentarier. Damit ist die Möglichkeit von nuancierter Auseinandersetzung und Kompromissbildung ausgeschlossen. Aber dies sind keine kategorialen Argumente gegen Volksabstimmungen, wenn parlamentarische Entscheidungsformen zu umständlich oder zu selbstbezüglich →**34** operieren.

34 Je weniger änderungsoffen andere demokratische Verfahren sind, desto wichtiger werden Volksabstimmungen. In Demokratien, die im Ergebnis die Fähigkeit zur Änderung der politischen Orientierung verloren haben, gewinnen Volksabstimmungen eine eigene Notwendigkeit. Dies ist der Fall, wo Wahlen wegen des Erfolgs einer Partei oder wegen Dauerkoalitionen zu keinem Regierungswechsel mehr führen können wie in Bayern oder in der Schweiz.

35 Es gibt keinen demokratischen Willen ohne durchsetzbare Form, ohne demokratisches Recht. Weil ein demokratischer Wille erst entstehen kann, wenn die Gleichheit der Beteiligung gesichert ist, bedarf es durchsetzbarer Regeln der Gleichheit, also einer Rechtsordnung. Es kann, das ist Kants Einsicht, keine Selbstbestimmung ohne die Form des Rechts, ohne Rechte geben, die unsere Beteiligung an der Demokratie garantieren. Die Form der Demokratie ist Recht, das demokratisch gesetzt ist und die Einhaltung demokratischer Kriterien garantiert.[26]

36 Zu hohe Erwartungen an die Qualität demokratischer Willensbildung stellen die demokratische Gleichheit in Frage. In der Demokratietheorie ist sehr umstritten, wie wir uns unsere individuellen Beiträge zu demokratischer Willensbildung vorstellen sollen. Hätten wir als Individuen einen fest definierten Willen mit unwandelbaren festen Präferenzen, dann wäre der demokratische Wille nur eine Summe unserer Einzelwillen[27] – oder muss bei der demokratischen Willensbildung etwas Gemeinsames aus einer Auseinandersetzung entstehen, aus dem Austausch von Argumenten?[28] Diese Frage ist hier nicht zu beantworten. Für unsere Zwecke genügt folgende Überlegung: Wenn wir an die Gemeinsamkeit demokratischer Willensbildung zu hohe Anforderungen stellen, wenn wir ein besonderes Maß an echter Verständigung oder einen Austausch von Argumenten erwarten, stellen wir damit die demokratische Gleichheit in Frage. Demokratische Verfahren machen ein Angebot gleichberechtigter Entscheidung.[29] Wir müssen die Möglichkeit bekommen, unseren Standpunkt vorzustellen und den der anderen kennenzulernen. Deswegen sind Meinungs- und Medienfreiheiten für die Demokratie so wichtig. Aber mehr als die Möglichkeit der Auseinandersetzung kann es nicht geben, sie lässt sich nicht erzwingen, ohne dass die demokratische Willensbildung ihre Offenheit verlöre. Wenn wir uns den demokratischen Willen zu anspruchsvoll denken, lässt sich dies immer auch gegen das Grundkriterium gleicher Beteiligung wenden, nach dem Motto: Zwar hatten alle die Möglichkeit, sich an der Debatte zu beteiligen, aber weil tatsächlich keine anspruchsvolle Debatte stattgefunden hat, können wir die Entscheidung nicht als demokratisch anerkennen. Dieses zutiefst undemokratische Argument wurde etwa gegenüber den Europa-Referenden in Frankreich und den Niederlanden laut, von denen im Nachhinein behauptet wurde, sie seien gar nicht »wirklich« demokratisch verlaufen.[30] Umgekehrt ist es wenig plausibel, demokratische Willensbildung nur als automatisch zu ermittelnde Summe bereits fest definierter individueller Präferenzen zu verstehen. Meine politischen Präferenzen entstehen ja erst in einem Verfahren, das mir eine bestimmte Willensbildung abverlangt, beispielsweise durch ein bestimmtes Parteiensystem, zu dem ich mich verhalten muss, auch wenn ich es ändern will. In der demokratischen Politik gibt es keinen Zustand reiner Privatheit, in dem ich meine ganz persönliche politische Wunschliste aufstelle, sondern meine Wünsche konstituieren sich immer schon im Angesicht bestimmter Verfahren und Meinungskonstellationen.

37 Konsens ist kein demokratisches Ideal. Der Wille der einfachen Mehrheit ist nicht weniger demokratisch als der Wille der qualifizierten. Denn Entscheidungen mit einfacher Mehrheit, 51 gegen 49, erhöhen für alle die Chance, zur Mehrheit zu gehören. Demokratische Legitimation basiert auf der permanenten Änderbarkeit ihrer selbst, nicht zuletzt, weil wir immer schon in eine Ordnung hineingeboren wurden, die sich uns gegenüber nur dadurch rechtfertigen kann, dass wir die Möglichkeit haben, sie zu ändern. Dies spricht gegen Konsens. Konsens ist ein Ideal der Herrschaftslosigkeit, nicht demokratischer Herrschaft **→21**. Jede Entwicklungsperspektive wäre beim Veto-Recht jedes Einzelnen dahin. Wenn alle ein Veto-Recht haben, bedarf es keiner demokratischen Gemeinschaft mehr. Entscheidungen im Konsens sind daher kein letztes Ziel, das nur aus praktischen Gründen nicht verwirklicht werden kann. Konsenserfordernisse zwingen zudem alle, ihre eigenen Ansichten anzupassen, statt sie in der Auseinandersetzung um Mehrheiten ausdrücklich zu machen. Wer überstimmt wurde, hat seinen Dissens zum Ausdruck gebracht und kann, nachdem Erfahrungen mit der Mehrheitsentscheidung gemacht wurden, bei der nächsten Entscheidung daran erinnern. Im Konsens geht diese Lernmöglichkeit verloren.[31] Ähnlich lässt sich für qualifizierte Mehrheitsentscheidungen argumentieren, die jedenfalls nicht per se demokratischer sind als Entscheidungen mit einer Stimme Mehrheit. Nur wenn wir die Möglichkeiten zur Änderung der Ordnung bewahren, können wir aus den Folgen demokratischer Entscheidungen lernen. Allein die Gehalte des demokratischen Versprechens selbst wollen wir aus der Änderungsdynamik demokratischer Entscheidungen heraushalten. Darum legen wir es in Form einer schwer änderbaren Verfassung nieder →**96**.

38 Demokratische Willensbildung bedarf eines Ortes. Wenn potentiell alle Fragen demokratisch entschieden werden können, bedarf es eines Ortes, an dem die demokratische Willensbildung zusammenläuft und durch eine Entscheidung abgeschlossen wird. Dieser Ort ist die Versammlung aller Bürger oder aller ihrer Vertreter. Eine Bürgerversammlung, ein town-hall meeting ist der einfachste Ort der Demokratie. Aber ab einer bestimmten Größe der Demokratie, ab einer bestimmten Mitgliederzahl kann eine solche Struktur nicht mehr funktionieren. Wir müssen Vertreter an einen Ort entsenden, an dem sich die Vertreter aller zusammenfinden können, wir müssen unsere ständige Vertretung wählen. Parlamente sind solche Vertretungen. Sie sollten nicht als Notlösung für Ordnungen mit zu großer Bevölkerung verstanden werden. Parlamente haben bessere Möglichkeiten, Erfahrungen zu machen und zu bewahren als Volksversammlungen. Anders als bei Volksabstimmungen geben Parlamente der demokratischen Willensbildung Dauer. Wir können uns an das Parlament wenden, etwas von ihm verlangen, eine Erwartung formulieren und eine Reaktion provozieren und damit der demokratischen Willensbildung eine nachvollziehbare Präsenz geben.

39 Demokratische Kompromisse sind keine zweitklassigen Entscheidungen. Demokratische Entscheidungen sind oft Kompromisse zwischen Parteien, Flügeln oder Lagern. Dies ist kein Mangel, Kompromisse sind nicht »faul«. Sie wären es, gäbe es so etwas wie eine »reine« politische Entscheidung. Aber so, wie wir individuell verschiedenen Bedürfnissen und Gründen Raum geben, wenn wir eine Entscheidung treffen, können wir von demokratischen Entscheidungen nicht den Ausdruck eines reinen politischen Willens erwarten. Hinter jedem Kompromiss stehen weitere. Jede Parteilinie setzt sich aus widersprüchlichen Positionen zusammen und so fort. Das Bedürfnis nach einer kompromisslosen demokratischen Entscheidung folgt der autoritären Fiktion eines reinen politischen Willens.

40 Populismus beansprucht, demokratischen Willen ohne demokratische Formen zum Ausdruck zu bringen. Populismus und Demokratie sind zu unterscheiden, nicht zu trennen.[32] Nur in einem Verfahren, das allen Zugehörigen die gleiche Möglichkeit gibt, sich politisch zu beteiligen, entsteht ein demokratischer Wille. Kein Wille ohne die Form eines Verfahrens. Freilich passiert es, dass sich die öffentliche Meinung von der parlamentarischen Mehrheit abwendet, Menschen auf die Straße gehen, um gegen eine Entscheidung des demokratischen Willens zu protestieren, dass die Zeitungen dagegen anschreiben und eine demokratische Entscheidung als unpopulär wahrgenommen wird. All diese Äußerungen gehören nicht zum demokratischen Willen. Wir haben nicht sichergestellt, dass eine Mehrheit sich hier äußert. Wir haben kein Verfahren, dass aus solchen Äußerungen eine Entscheidung machen könnte. Vielleicht unterstützt eine schweigende Mehrheit trotz des überwältigenden gegenteiligen Eindrucks weiterhin die umstrittene politische Entscheidung. Vielleicht hat eine gut organisierte Minderheit die öffentliche Wahrnehmung unter Kontrolle bekommen. Trotz dieser Einwände sind solche Ereignisse für die Demokratie nicht irrelevant. Sie haben *demokratische Bedeutung ohne demokratische Form*. Sie können eine demokratische Entscheidung vorbereiten. Von demokratischer Bedeutung können wir sprechen, wenn Ereignisse nicht durch eine demokratische Verfahrensform sanktioniert sind, aber trotzdem plausibel machen können, von einer politischen Mehrheit gewollt zu sein. Demokratische Bedeutung ist ein neutraler Ausdruck für Populismus. In Demokratien gibt es immer beides, einen formalisierten demokratischen Willen und populistische Bedeutungen. Anspruch auf Legitimation hat nur Ersterer. Aber ebenso klar ist, dass die Demokratien durch populistische Bewegungen entstanden sind, durch Bewegungen, die Anspruch auf demokratische Bedeutung erhoben, ohne demokratische Formen einzuhalten. Für die demokratische Willensbildung gibt es keine Regel, wie sie mit Populismus umgehen soll. Es kann eine Tugend sein, auf Stimmungen zu hören, und eine Untugend, vom Protest der Straße abhängig zu sein. Angst vor den Leuten ist nicht immer eine demokratische Leistung. Franklin Roosevelts Eintritt in den Zweiten Weltkrieg war demokratisch legitimiert, unpopulär und am Ende richtig. Demokratisch legitimiert und unpopulär war aber auch Tony Blairs Eintritt in den Irak-Krieg.

41 Die doppelte Ungewissheit populistischen Protestes: Wir wissen nicht, ob er demokratisch ist. Wir wissen nicht, was er will. Demokratische Formen sichern nicht nur die gleiche Freiheit der Beteiligten, sondern auch die Eindeutigkeit einer demokratischen Äußerung. Wir können angesichts einer Demonstration, eines Protests nicht eindeutig sagen, ob diese Meinungsäußerung demokratisch zustande gekommen ist – und auch nicht, was genau sie will. Auch um zu erfahren, was genau gewollt ist, entwickeln wir demokratische Formen: Abstimmungsregeln, Wahlrecht, Veröffentlichungspflichten. Das Recht dient hier als ein Mittel, um Bedeutungen ausdrücklich und möglichst eindeutig zu machen. Populistische Willensbekundungen sind, wenn überhaupt, nur in der Negation eindeutig: Wer »Wir sind das Volk« ruft, beruft sich gegen ein autoritäres System auf Demokratie. Ob er es demokratisch meint, kann sich erst zeigen, wenn eine neue Ordnung aus dem Protest entstanden ist.

42 Auch demokratische Formen garantieren keine Eindeutigkeit des demokratischen Willens. So bleiben Wahlenthaltungen immer doppeldeutig, Wahlergebnisse vieldeutig. Die Frage, was mit einem Wahlergebnis »gemeint« war, bleibt oft umstritten. Aber die Form definiert, was praktisch folgt: Ein Parlament wird neu besetzt, eine Kanzlerin gewählt, Gesetze beschlossen. Die verbleibende Uneindeutigkeit demokratischer Formen gibt populistischen Äußerungen, Protesten und Medienkampagnen eine Funktion. Diese dienen gleichsam als Interpretationshilfe für den demokratischen Willen. Hier zeigt sich ein Dilemma: Denn auf der einen Seite ist nicht zu erkennen, dass auf diese Interpretationshilfe wirklich zu verzichten wäre, auf der anderen Seite funktionieren diese demokratischen Bedeutungen eben nicht nach Maßstäben demokratischer Gleichheit, sondern nach der Verteilung informeller Macht. Wird nach Meinungsumfragen regiert, stellt sich die Frage, warum noch gewählt werden soll und wieso sich demokratische Verfahren mit den Zyklen der demokratischen Willensbildung so viel mehr Zeit lassen als die Demoskopie. Gleiches gilt für die Wahlbeteiligung: Eine hohe Mobilisierung kann Ausdruck von Unzufriedenheit wie von Zufriedenheit sein. Wer mit allem zufrieden ist, muss ebenso wenig zur Wahl gehen wie derjenige, der es aufgegeben hat, sich zu beteiligen, und damit begonnen hat, Bomben zu bauen. Wer wissen will, warum im konkreten Fall wenig gewählt wurde, muss über die demokratische Form hinaus.

43 Deutschland 1936 war eine von einer überwältigenden Mehrheit gestützte populistische Ordnung, aber keine Demokratie. Im Deutschland des Jahres 1936 stand eine überwältigende Mehrheit hinter einem totalitären rassistischen Regime. Folgt daraus ein Argument gegen die Demokratie? Nein, denn Deutschland war 1936 populistisch, aber nicht demokratisch: Es bestanden keine formalisierten Verfahren, in denen ein demokratischer Wille hätte zum Ausdruck kommen können. Dies ist keine akademische Spitzfindigkeit. Versuchen wir uns nur vorzustellen, SPD und Zentrum hätten nach 1933 unbehelligt Wahlkampf machen können. Das ist, so wie der Nationalsozialismus 1936 funktionierte, eben nicht vorstellbar. Zudem basierte der Nationalsozialismus auf dem massenhaften Ausschluss von Zugehörigen. Beides bricht das demokratische Versprechen **→7**. Auch wenn die Bevölkerung hinter der Diktatur stand, war diese deswegen keine Demokratie. Diese Feststellung ist wichtig, weil breit akzeptierte autoritäre Ordnungen gern als Argument gegen die Demokratie oder für ihre Begrenzung angeführt werden. Aber auch wenn Mehrheiten im gegenwärtigen China oder Russland das System unterstützen sollten, werden diese ohne demokratische Verfahren nicht zu Demokratien.

44 **Die Zivilgesellschaft begründet Demokratien, ohne demokratisch zu sein.** Als es um 1989 in den Staaten Mittel- und Osteuropas darum ging, demokratische Systeme aufzubauen, wurde der Begriff der *Civil Society* entwickelt.[33] Er bezeichnete Strukturen, die den Übergang vom Sozialismus zur Demokratie auf Seiten der Demokratie auszuhandeln hatten: beispielsweise Umweltorganisationen, Kirchen, Gewerkschaften. Weil es keine demokratischen Regeln gab, gab es auch keine demokratischen Vertreter. Um demokratische Regeln ohne gewaltsame Revolution zu errichten, handelten Vertreter der *Civil Society*. Diese waren heroische Agenten der Freiheit, aber waren sie deswegen demokratisch? Es ist interessant zu sehen, dass der Ausdruck *Civil Society*, oder, schlecht übersetzt, Zivilgesellschaft der Theorie der Demokratie erhalten blieb und langsam in allgemeinen Gebrauch geriet. Aber in einer funktionierenden Demokratie haben politisch engagierte Gruppen eine ganz andere Legitimation als im Übergang von einer autoritären zu einer demokratischen Ordnung. Sie repräsentieren nun nur noch bestimmte Interessen so wie Industrieverbände oder Berufslobbies.

Wenn der Begriff Zivilgesellschaft trotzdem so wichtig geblieben ist, so gibt es dafür zwei Gründe, einen besseren und einen schlechteren: Der schlechtere liegt in der wenig demokratischen Annahme, es gäbe eine Prämie für politisches Engagement: engagierte Gruppen hätten einen Anspruch darauf, in der politischen Willensbildung gegenüber einer unengagierten Mehrheit besondere Berücksichtigung zu finden. Aber seine demokratische Gleichheit kann man nicht durch Engagement ausbauen und damit in eine allgemeine Ungleichheit umwandeln. Dieser Fehlschluss wird uns bei der Behandlung von Nichtregierungsorganisationen wiederbegegnen →**139**. Der bessere Grund für die Idee der Zivilgesellschaft liegt in der Einsicht, dass eine funktionierende Demokratie nicht nur aus vereinzelten Individuen besteht, die sich unverbunden im demokratischen Prozess äußern. Dies war eine Vorstellung der französischen Revolution, die die Gründung von politischen Assoziationen verbot. Seit Tocqueville wissen wir, dass Demokratien in Gesellschaften funktionieren, in denen die Mitglieder sich auch in anderen Beziehungen gemeinsam organisieren und zusammenhängen: in Vereinen, Kirchen und Verbänden.[34] Die Bedeutung solcher Strukturen für die Demokratie ändert aber nichts daran, dass Organisationen, die für die Demokratie wichtig sind, nicht schon deswegen demokratisch legitimiert sind.

45 Die Demokratie braucht Räume gesellschaftlicher Allgemeinheit. Das demokratische Versprechen der Gleichheit bezieht sich nur auf die Freiheit. Aber die Anerkennung des anderen ist immer gefährdet, wenn der Umgang miteinander sich auf bestimmte Gruppenzugehörigkeiten beschränkt. Homogene Gruppen radikalisieren sich, sie entwöhnen sich von der Vielfalt an Möglichkeiten, wie Menschen leben können, und werden kognitiv und moralisch verengt.[35] Sie verallgemeinern ihre Gruppenidentität und verlieren damit den Sinn für die demokratische Anerkennung, die eben alle betrifft. Orte, an denen sich Personen verschiedenen Alters, Geschlechts, sozialer Herkunft begegnen, sind wichtig und selten. Solche Orte müssen nicht politisch besetzt sein. Sie sollten nur die üblichen Grenzen des Umgangs überschreiten. Wo gibt es solche Orte? Ein Ort sind Volksparteien, die nicht nur aus Akademikern, Bauern oder Ökologen bestehen. Ein anderer Ort sind Kirchen. Öffentliche Schulen sind aus diesem Grund für Demokratien so wichtig, aber natürlich auch Fußballplätze. Es ist eine zwanglose Form demokratischer Selbsterziehung zur Demokratie, wenn wir uns solche Orte einrichten und sie besuchen.

46 Formlose Macht kann nicht demokratisiert werden. Machtausübung ist nicht allein Sache von Normen und ihrer Durchsetzung. Macht kann durch Erziehung, durch die Definition psychischer Normalität oder durch Gewohnheiten verinnerlicht werden. Wir werden so zugerichtet, dass Macht nicht an uns ausgeübt werden muss, weil sie bereits in uns wirkt. Diese von Michel Foucault popularisierte Einsicht wird heute viel diskutiert.[36] Was aber folgt aus ihr für die Demokratie? Eine Konsequenz könnte darin bestehen, auch diese heimlichen, formlosen Formen der Machtausübung zu demokratisieren. Wenn wir durch Prozesse der Erziehung, der Normalisierung, des Ausschlusses von Abweichung dominiert werden, wenn diese Zusammenhänge unser

Leben nachhaltiger beherrschen als Rechtsregeln, dann bedürfen sie der Legitimation. Viele neuere Theoretiker ziehen diese Konsequenz und berufen sich dabei auf Foucault.[37] Demokratisierung heißt hier aber im Ergebnis stets Herrschaftslosigkeit. Propagiert werden herrschaftslose Formen von Beziehung und Erziehung. Herrschaftslosigkeit aber ist ein potentiell totalitäres Versprechen **→21**. Und Demokratie ist nur dort möglich, wo Herrschaft sichtbar und ausdrücklich ist. So hat man nur die Wahl zwischen zwei Optionen: entweder formalisiert man Machtausübung, etwa durch die demokratische Kontrolle von Schulen und Kliniken, oder man belässt sie im Informalen privater Machtausübung, das sich nicht demokratisieren lässt – und das zu demokratischer Herrschaft ein durchaus ambivalentes Verhältnis hat, indem es diese zugleich bedroht und ermöglicht **→24f**.

47 Demokratische Willensbildung hängt an undemokratischen Öffentlichkeiten – und wird durch diese bedroht. Der demokratische Wille ist auf eine Öffentlichkeit angewiesen, die nicht demokratisch funktioniert: Durch Lobbies und Medien erfahren wir voneinander und von unseren unterschiedlichen Ansichten. Nur durch die Möglichkeit, diese kennenzulernen, können wir eine demokratische Entscheidung treffen. Ohne diese Freiheit ist demokratische Willensbildung ausgeschlossen. Aber diese Freiheit ist gerade nicht demokratisch verfasst. Wir verpflichten eine Zeitung nicht dazu, politisch ausgewogen zu berichten, die Gewerkschaften nicht dazu, Arbeitgeberinteressen mitzuvertreten, oder ein Unternehmen, sich auch um die Anliegen der Konkurrenz zu kümmern. All dies wäre eine Form der Verstaatlichung, die uns der Möglichkeit berauben würde, unsere demokratische Willensbildung weiterzuentwickeln. Das ändert aber nichts daran, dass die offene Meinungsumwelt die Demokratie bedrohen kann, weil sie gesellschaftliche Ungleichheiten in demokratische Entscheidungen hineinträgt. Medienmonopole, mächtige Verbände oder »einflussreiche« Kreise haben größere Macht auf die Meinungsbildung als durchschnittliche Individuen. Sie können unter den Bedingungen der Gleichheit ungleiche Macht ausüben. Ihre Demokratisierung wäre für die Demokratie selbstzerstörerisch **→24**. Manche Mittel können solche Probleme zumindest entschärfen: eine Kontrolle des Medienwettbewerbs oder die Einrichtung öffentlicher, politisch unabhängiger Medien wie der BBC. Aber es bleibt das Dilemma der Informalität. Kein Eingriff ist ebenso gefährlich wie ein Eingriff.

48 Die Öffentlichkeit der Demokratie ist ihre Stärke und ihr wunder Punkt. Skandale bringen eine Stärke der Demokratie zum Ausdruck. Transparenz und Öffentlichkeit sind Ideale des demokratischen Staats. Aber die moralische Stärke der Transparenz, die Fehler öffentlich werden lässt, gerät schnell zu einer Schwäche. Denn denunzieren lässt sich nur, was öffentlich wird – darum können andere Bereiche der Gesellschaft die öffentlichen Unzuträglichkeiten politischer Meinungsbildung oder politischer Personen so leicht herabwürdigen. Wissenschaftler, Unternehmer oder Künstler arbeiten nicht in gleicher Weise öffentlich. Deren Peinlichkeiten und Dummheiten bleiben den anderen verborgen.

49 Personen sind keine schlechteren Multiplikatoren demokratischer Willensbildung als Programme. Oft hören wir Klagen über die Personalisierung von Politik: Es würden nur Personen gewählt, nicht Programme. Was aber ist daran so schlecht? Parteien sind in allen Demokratien zu Unrecht wenig beliebt. Wir brauchen sie, um die demokratische Willensbildung zu bündeln, sie funktionieren wie allzuständige Nichtregierungsorganisationen; darin, dass sie alle Gebiete von Politik gegeneinander abwägen und miteinander programmatisch zu verbinden suchen, liegt ihre demokratische Leistung. Trotzdem fällt es uns schwer, uns mit Parteien zu identifizieren. Wir sehen in ihnen vor allem Machtfixiertheit und Konfliktfreude. Parteien stehen für die Selbstbezüglichkeit demokratischer Willensbildung, in der Positionen nicht als solche, sondern auch mit Blick auf den Gegner besetzt werden. Mit Personen können wir uns identifizieren, und diese Identifikation muss weder irrational noch unpolitisch sein. Durch Personen bekommen wir Zugang zu Programmen. Zudem ist die Vorstellung, nach der Wahl müsse ein definiertes Programm angewendet werden, wenig realistisch und wenig politisch. Die Beurteilung von Personen ist dagegen durchaus eine rationale Fähigkeit. Menschenkenntnis, die Einschätzung, wie jemand in bestimmten Situationen handeln wird, ist politisch bedeutsam. Diese Fähigkeit lässt sich auch nicht einfach gegen Programme ausspielen, schon deswegen, weil wir manche Politiker wegen ihrer programmatischen Prinzipienfestigkeit, manche wegen ihres Pragmatismus wählen. Die Entscheidung für eine Person kann auch eine Entscheidung gegen allzu programmatisches Handeln überhaupt sein, ohne dass wir uns über die allgemeine politische Orientierung einer Person sonderlich oft irren würden.

50 **Von ihren Wählern entfernt, von ihren Parteien abhängig, so erscheinen uns Parlamentarier.** Man möchte denken, umgekehrt wäre es besser, aber dieser Eindruck trügt. Abgeordnete sind, so das Grundgesetz, »nur ihrem Gewissen unterworfen.« Das befreit den Abgeordneten von Weisungen der Wähler, aber auch seiner Partei. Doch der Witz des freien Mandats besteht nicht darin, den Abgeordneten von informellem Einfluss zu befreien, sondern ihn verantwortlich zu halten. Was immer er tut, es ist seine Entscheidung, er hat es so gewollt und er kann es nicht auf andere schieben, die ihm Befehle erteilt hätten. Die Unabhängigkeit des Abgeordneten ist die Voraussetzung seiner Verantwortlichkeit und die Bedingung dafür, dass er sich sinnvoll mit anderen Abgeordneten austauschen kann. Wäre er nicht offen in seiner Meinungsbildung, bräuchte er erst gar nicht in ein Parlament einzuziehen, um mit anderen zu sprechen. Trotzdem wirken Abgeordnete gegenüber Partei und Fraktion unfrei: Eine Abgeordnete wird von ihren Parteifreunden bedroht, einem Militäreinsatz zuzustimmen, den sie politisch nicht will. Vielleicht wird sie nicht mehr aufgestellt, wenn sie ihrer Überzeugung folgt – ein Problem? Ist es undemokratisch, sie unter Druck zu setzen? Wie immer sie sich entscheidet, es ist ihre Entscheidung – die Mächte, die sie bedrängen, sind ihrerseits keine undemokratischen Mächte. Wenn die Mehrheit eine Entscheidung zustande bekommen will, so würde sie ihre demokratische Aufgabe, Entscheidungen herbeizuführen, verfehlen, wenn sie keinen Druck auf die Abgeordneten ausübte. Egal, wie unsere Abgeordnete sich entscheiden wird, ihre Entscheidung wird zum Ausdruck bringen, was für sie wichtiger ist: die Integrität der Mehrheit oder ein bestimmtes Ergebnis. Beides ist respektabel, aber ihre Zwangslage ist in der Demokratie kein Problem.

51 Parteien und Abgeordnete sollen die Gesellschaft kennen und Distanz zu ihr halten. Demokratische Willensbildung muss alles über eine Gesellschaft wissen und sich zugleich von ihr distanziert halten. Entscheidungen, die alle betreffen, sollen im Idealfall in gleicher Distanz zu allen getroffen werden, kein Interesse soll sich gegenüber den anderen in den Vordergrund drängen. Parteien und Abgeordnete brauchen Informationen und Geld, um arbeiten und Wahlkämpfe führen zu können. Wer ihnen Informationen und Geld gibt, hat damit auch einen Vorteil gegenüber anderen. Die demokratische Gleichheit der einen Stimme des einen Bürgers wird ausgehöhlt. Auch hier entsteht das Dilemma der Informalität →**46**. Denn wenn der Staat anfängt, diese Einflussnahmen zu unterbinden, indem er private Spenden an Parteien verbietet und Abgeordnete verpflichtet, ihre Einkünfte offenzulegen, legt er die Politik entweder trocken oder verstaatlicht sie: Sie verlieren ihre Einnahmen und werden vom Staat abhängig. Parteien und Abgeordnete sollen zwei Sphären miteinander verbinden, für die es keine einheitlichen Regeln geben kann. Abgeordnete können weder wie Staatsbeamte noch wie normale Bürger behandelt werden, Parteien weder wie private Vereine ohne jede Unterstützung noch wie Behörden mit einem festen Posten im Haushaltsplan. Dieses Dilemma führt in vielen Ländern zu widersprüchlichen und schnell wechselnden Regelungen. Wichtig ist hier nur, das Grundproblem zu verstehen, um nicht in falsche Klagen über die Korruptheit demokratischer Institutionen zu verfallen. In einer Demokratie, in der sich eine ungleiche Gesellschaft unter den Bedingungen der Gleichheit selbst organisiert, sind solche Fragen besser oder schlechter zu regeln, aber eben nicht zu vermeiden.

52 Demokratische Willensbildung unterliegt Rhythmen, die zu lang oder zu kurz sein können. In welchem Zeitrhythmus soll demokratische Willensbildung stattfinden? Einer der gängigsten Einwände gegen die Praxis der Demokratie verweist auf die Seltenheit von Wahlen und Abstimmungen. Wir geben unsere Stimme ab, um für die nächsten Jahre politisch stumm zu bleiben. Dieser Einwand ist ernst zu nehmen, denn das demokratische Verfahren ist auf Veränderung ausgerichtet **→20** und die kann nicht ewig warten. Aber dieser Einwand lässt sich auch umdrehen. Wäre es denkbar, die demokratische Willensbildung auf Dauer zu stellen, also etwa täglich zu wählen, um die Ordnung demokratischer zu machen? Dagegen sprechen noch am wenigsten praktische Einwände. Vielmehr taucht eine Frage auf, die wir aus der individuellen Willensbildung kennen. Bei Individuen ist es keineswegs so, dass die permanente Neuentscheidung von bestimmten Fragen als Ausdruck eines besonders gut funktionierenden Willens angesehen würde – eher gilt jemand, der sich dauernd umentscheidet, als willensschwach. Seine Entscheidungen scheinen zu stark von äußeren Umständen abzuhängen. Wenn wir abstimmen oder wählen, gilt nichts anderes. Wählen wir zu selten, so verselbständigt sich der politische Prozess von unserer Beteiligung, er verliert seine demokratische Legitimation. Wenn wir zu häufig wählen, werden unsere Entscheidungen kurzatmig, weil unsere Maßstäbe immer schon auf die nächste Wahl hin begrenzt sind und weil wir weder Zeit haben, uns eine Meinung zu bilden, noch Gelegenheit, die Folgen der letzten Wahl zu beurteilen. Wenn Willensbildung sich aber auch an den Konsequenzen der Handlungen orientiert, die mit der Entscheidung verbunden werden, dann gelten für die demokratische Willensbildung längere Zeitmaßstäbe als für die individuelle. Welches wäre der richtige Rhythmus für die Länge demokratischer Zyklen? Darauf gibt es keine allgemeingültige Antwort. Wenn sich Entscheidungen zu sehr drängen, kann dies dafür sprechen, die demokratischen Zyklen zu verlängern, um die demokratische Willensbildung zu verbessern. Verbessern bedeutet: einen Eindruck davon zu ermöglichen, welche Folgen eine bestimmte Entscheidung hatte, und daraus Schlüsse für die nächste demokratische Entscheidung zu ziehen.

53 Sit pro ratione voluntas.[38] **An Stelle der Vernunft steht in der Demokratie der Wille.** Diese Maxime gilt für eine demokratische Ordnung, die die Willensfreiheit und die Urteilskraft ihrer Mitglieder unterstellt **→15f.**, aber keine weiteren Ansprüche an ihre Vernünftigkeit erhebt. Geht es in der demokratischen Entscheidung um gute Gründe oder um freie Entscheidungen, also im ursprünglichen Sinne um Willkür? Die philosophische Diskussion über Vernunft und Freiheit hat sich auf einen so schlichten Gegensatz zwischen Vernunft und Willkür niemals eingelassen. Freiheit sollte sich etwa bei Kant ja gerade darin äußern, dass der Freie trotz anderer Bedürfnisse eine vernünftige Entscheidung treffen kann: Vernunft ist hier kein Gegensatz zu, sondern Anzeichen von Freiheit.[39] Entsprechend haben wir die Fähigkeit, begründet zu entscheiden, als Teil des demokratischen Versprechens verstanden. Aber jenseits dieser Unterstellung der Möglichkeit zur Vernunft bleibt es dabei: Ihre Legitimation bezieht eine demokratische Entscheidung allein daraus, dass sie unter Bedingungen gleicher Freiheit getroffen wurde. In der Demokratie haben daher zwei sich inhaltlich völlig widersprechende Entscheidungen gleichen Anspruch auf Anerkennung. Wenn eine Wahl aus Formgründen annulliert wird und ohne jede Debatte bei der Wiederholung anders ausgeht als zuvor, so ist das zweite Ergebnis demokratisch legitimiert, nicht das erste.

54 **Gute Gründe schaffen keine demokratische Legitimation.** Der Schluss von der Vernünftigkeit einer Entscheidung auf ihre demokratische Legitimation ist in der neueren Demokratietheorie verbreitet. Es wird mit folgender Vorstellung argumentiert: Ein Kreis von Personen trifft sich und tauscht mit Blick auf ein bestimmtes Thema Argumente aus. Die Beteiligten dürfen nicht auf ihre nackten Interessen verweisen, sondern müssen sich auf die Argumente der anderen einlassen. Entschieden wird im Konsens, wenn alle von der besten Lösung durch gute Grunde überzeugt sind. Haben sie sich auf diese Weise geeinigt, so soll diese Entscheidung nicht nur eine Vermutung der Richtigkeit, sondern auch demokratische Legitimation genießen. Einmal abgesehen davon, ob es nicht auch andere Ursachen als gute Gründe für einen solchen Konsens geben kann, einmal ausgeblendet, dass das Konsenserfordernis dazu einlädt, eine ungleiche Machtverteilung zwischen den Beteiligten auszuspielen **→37**, ist völlig unklar, warum, wie mitunter behauptet wird, eine derartige Entscheidung auch andere Personen binden sollte. Entweder haben die Beteiligten demokratische Legitimation aus anderen Gründen, etwa weil sie gewählt wurden, oder sie können tun, was sie wollen, sie werden keine demokratische Legitimation gewinnen. Umgekehrt hat der Schluss von Vernunft auf Demokratie eine ausschließende Wirkung: Denn wer nicht in der Lage, an der Debatte teilzunehmen und sich zu rechtfertigen, wird ausgeschlossen. Demokratische Verfahren werden damit zu einer Art Gedankenexperiment der Vernünftigen. Wenig erstaunlich, dass solche Theorien sehr gerne von Vertretern internationaler Bürokratien benutzt werden, um sich eine eigene Legitimation zu verschaffen **→148**.[40]

55 **Umgekehrt hat eine demokratische Entscheidung eine beschränkte Vermutung der Vernünftigkeit.** Denn die demokratische Gleichberechtigung der Entscheidenden legt Verfahren nahe, die Rationalität entstehen lässt: Die Einbeziehung verschiedener Interessen, die Darstellung von Sachverhalten und die Notwendigkeit, zu begründen und zu erklären, um eine Mehrheit zu bekommen, all diese Mechanismen gestatten einen offenen, korrekturfähigen Erkenntnisprozess. Dies gilt aber kaum für Entscheidungen im Konsens, die nicht auf abweichende Erfahrungen reagieren können und abweichende Meinungen nicht ausdrücklich machen **→37**. Pragmatisten wie John Dewey haben an der Änderungsfähigkeit der Demokratie gerade ihre erkenntnisfördernde Seite hervorgehoben, die Möglichkeit eines demokratischen Experimentalismus.[41] Demokratischer Wille ist also nicht per se irrational, das Gegenteil von Vernunft – auch das wird in der Demokratietheorie behauptet.[42] Trotzdem bleibt der Zusammenhang zwischen Demokratie und Vernunft schwach und kann von der Entscheidungslogik demokratischer Politik einfach überwuchert werden.

56 **Demokratie bedarf eines Konzepts unverfügbarer Wahrheit.** Wenn die faktische Wahrheit einer Aussage für uns unverfügbar ist, dann können wir nicht über sie abstimmen. Die Nähe zwischen Demokratie und Relativismus ist daher oft bemerkt und sowohl für als auch gegen die Demokratie angeführt worden.[43] Wer absolute Wahrheiten ins Reich des Jenseitigen verbannen möchte, erkennt im Relativismus eine Stärke der Demokratie: Sie liefert durchsichtige Verfahren zur Ermittlung mehrheitsfähiger »relativer Wahrheiten«. Pragmatistische Theorien argumentieren aus diesem Grund für eine demokratische Regierungsform.[44] Wer die Wahrheit von Aussagen dagegen für unverfügbar hält, entzieht sie demokratischen Verfahren.[45] Die Annahme, Wahrheit sei Ergebnis einer Konvention, ist jedoch für Demokratien eine gefährliche Versuchung. Anzuerkennen, dass bestimmte Dinge unabhängig von uns sind, wie sie sind, entspricht einem Alltagsverständnis von Wahrheit, das wir in der Politik immer wieder bestätigt finden: Die Fragen nach Massenvernichtungswaffen im Irak oder dem Klimawandel lassen sich nicht durch politische Vorverständnisse lösen, obwohl sie politisch hoch relevant sind. Sie sind objektiv als wahr oder falsch zu beantworten. Das Verhältnis zwischen Relativismus und Demokratie ist also verschlungener: Die Korrektur- und Veränderungsoffenheit von Demokratien wäre sinnlos, wenn es keine objektive Außenseite demokratischer Verfahren gäbe, an der sie sich korrigieren lassen könnte. Demokratische Ordnungen zeichnen sich dadurch aus, dass sie sich an Sachverhalten orientieren und umorientieren können, über die sie selber nicht verfügen. Sie setzen sich Maßstäbe, müssen aber auch in der Lage bleiben, sich an der Außenwelt den Kopf zu stoßen. Eine vollständige Demokratisierung der Faktenermittlung wäre für demokratische Systeme eine bedrohliche Vorstellung, die man nicht mit fröhlichem Konstruktivismus, sondern mit Orwells *Ministry of Truth* in Verbindung bringen sollte. Daher brauchen Demokratien Bereiche offener Wissensproduktion.[46] Ihre Sensibilität für die Welt kann eine Demokratie nur bewahren, wenn sie sich organisatorisch zurücknimmt: wenn sie der Wissensproduktion, die von Universitäten bis zu Geheimdiensten reicht, zwar äußere Grenzen, aber weder Suchstrategien noch Ergebnisse vorgibt.

57 **Der Einwand von Experten, dass in Demokratien ohne Kompetenz entschieden würde, zeigt die demokratische Inkompetenz der Experten.** Denn wenn in Demokratien Dinge zu entscheiden sind, die alle betreffen, so ist Distanz zu Experten wichtig. Jeder Experte kennt nur seine eigenen Spezialprobleme, aber alle Probleme bedürfen einer Entscheidung und die Entscheidung eines speziellen Problems verhindert oder verzögert die Lösung anderer Probleme. Demokratischer Dilettantismus entsteht aus notwendiger Distanz zu einer Fachidiotie, die immer nur bestimmte Interessen und Aspekte einzubeziehen vermag. Natürlich können durch diese Distanz falsche Entscheidungen getroffen werden. Vielleicht folgt aus solchen Fehlern ein Desaster, vielleicht aber auch keines, das es nicht auch in einer anderen politischen Ordnung gegeben hätte. Extrem selten sind die Fälle, in denen eine Frage politisch umstritten, aber wissenschaftlich unumstritten ist, gar nicht so selten aber sind diejenigen, in denen Experten sich irren oder als verführbar erweisen: Das reicht von der zwielichtigen Rolle der Intellektuellen in den Totalitarismen des 20. Jahrhunderts bis zur Prognosequalität von Meteorologen und Volkswirten. Der unschöne Traum von der kompetenten Diktatur scheitert nicht an der tatsächlich sehr begrenzten Weisheit der Demokratie, sondern an der Unbeweglichkeit anderer politischen Ordnungen und an der Uneindeutigkeit und Widersprüchlichkeit professionellen Wissens.

58 **Ob Demokratien Probleme lösen können, ist keine sinnvolle Frage, weil aus ihrer Beantwortung nichts folgt.** Hinter dieser Frage steht ein weit verbreitetes Unbehagen an der Demokratie, aber das macht sie nicht richtiger. In der besten aller Welten, so hört man, wäre es richtig, eine demokratische Ordnung zu haben, aber für unsere Welt könne dies nicht gelingen. Demokratische Regeln seien zu einfach für eine komplizierte Welt, demokratische Verfahren zu umständlich für wichtige Entscheidungen, die demokratische Willensbildung zu zäh und zu uninformiert. Das mag alles sein. Aber hat diese Aussage wirklich mehr Gehalt als andere sehr allgemeine Aussagen wie beispielsweise diejenige, die menschliche Spezies sei nicht intelligent genug, um zu überleben? Zweifel an der »Problemlösungsfähigkeit« von Demokratien sind erlaubt, und wem würde es schwerfallen, mit einer flüchtigen Geste auf ein paar hundert Probleme hinzuweisen, die von Demokratien nicht gelöst wurden? Aber damit ist wenig gesagt, solange wir keinen Eindruck von anderen politischen Ordnungsformen gewinnen, die in der Lage sind, ihre Probleme besser zu lösen. Nun ließe sich gegen diesen Einwand einwenden, dass er nur den Status quo rechtfertige, denn auch in einem autoritären System werden manche Probleme gelöst, manche bleiben liegen. Entscheidend aber ist: In der Regel werden wir uns weder einig, wie sie zu lösen sind, noch wann sie als gelöst gelten können – wenn wir uns überhaupt darüber einig werden, worin ein Problem besteht. Wissen wir also nie genug, um verlässliche Aussagen über die »Problemlösungsfähigkeit« politischer Ordnungen zu haben, schon weil die Parameter dieses Wissens – die Definitionen von Problem und Lösung – ihrerseits immer politisch umstritten sind? Es sieht so aus – aber spricht das nun für oder gegen den voller ungelöster Probleme steckenden demokratischen Teil der Welt? Es spricht für ihn, denn wir sind nicht in die Demokratie eingetreten, um Probleme auf irgendeine Art und Weise, sondern um sie unter den Bedingungen gleicher Freiheit zu lösen. Gegen diese Idee kann sich jeder politisch wenden. Aber die Klage über die fehlende Fähigkeit der Demokratie, Probleme zu lösen, bleibt leer, weil sie keinen empirischen oder vergleichenden Punkt hat, an dem sie ansetzen könnte.

Demokratische Identität

59 **Wer demokratisch entscheidet, hat eine demokratische Identität.** Wir sprechen bei einer Wahlentscheidung von der Entscheidung eines Volkes und können diesem einen Eigennamen – »deutsch« – und damit eine Identität geben. Solche Identitäten können sich überlappen wie zwischen Stadt und Staat und wir können sie in verschiedenen Verfahren zum Ausdruck bringen, etwa wenn dieselben Bürger gemeinsam einen Präsidenten, in Wahlkreise parzelliert eine Kammer und in Gliedstaaten aufgeteilt eine andere Kammer des Parlaments wählen. Wenn demokratischer Wille das Resultat eines formalisierten Verfahrens ist **→30ff.**, so genügt es doch nicht, einfach ein Verfahren einzurichten, um demokratische Entscheidungen zu bekommen. Die Beteiligten müssen sich gegenseitig als Teil einer Gemeinschaft anerkennen, mit der sie gemeinsam entscheiden wollen. Das haben wir mit der Formel des demokratischen Versprechens oben schlicht unterstellt; aber es ist praktisch eine sehr anspruchsvolle Voraussetzung. Besteht die Bereitschaft zur gemeinsamen Entscheidung, so können wir von demokratischer Identität sprechen. Besteht sie nicht, so haben wir Verfahren, die nicht angenommen werden. Ein Beispiel dafür ist das Europäische Parlament, das demokratisch gewählt wird, aber nur sehr beschränkt eine demokratische Identität zum Ausdruck bringt **→125**. Demokratische Identitäten bezeichnen Eigenschaften eines Kollektivs der Freien und Gleichen, das gemeinsam demokratische Entscheidungen treffen will. Demokratische Identitäten sind weder einfach durch Verfahren herzustellen noch sind sie unabänderlich.

60 **Der Schluss vom einheitlichen Volk auf demokratische Identität ist ein Zirkelschluss.** Gesellschaftliche Homogenität stiftet nicht notwendig demokratische Identität. Pakistan ist homogener als Indien. Pakistan ist keine Demokratie, Indien schon.[47] Eine Gesellschaft bildet nicht deswegen eine demokratische Identität aus, weil sie ethnisch, religiös oder sozial besonders kompakt ist. Gesellschaftliche Unterschiede können die Notwendigkeit erzeugen, in offenen demokratischen Verfahren miteinander zu Rande zu kommen, während homogene Gesellschaften es weiter mit vordemokratischen Mitteln versuchen.[48] Der Schluss vom Bestehen eines »Volks« auf die demokratische Identität ist ein Zirkelschluss: Dort, wo wir eine Demokratie haben, haben wir auch ein »Volk« wie in Indien und in der Schweiz. Das Volk erkennen wir aber nur am Funktionieren demokratischer Verfahren. Umgekehrt kann eine gesellschaftlich kompakte Bevölkerung keine demokratische Verfassung haben.[49] Demokratische Identität ist daher am besten als Gemeinsamkeit der Problemwahrnehmung zu verstehen. In einem demokratischen Entscheidungszusammenhang müssen wir nicht völlig gleich und auch nicht gleicher Meinung über eine politische Frage sein. Sehr wohl müssen wir einen gemeinsamen Zusammenhang ausmachen, innerhalb dessen wir uns auseinandersetzen und innerhalb dessen entschieden wird. Wenn die Gemeinsamkeit dieses Rahmens verlorengeht, wenn eine Mehrzahl von Zugehörigen nicht mehr auf den demokratischen Rahmen achtet oder sich ausdrücklich anderen zuwendet, geht die demokratische Identität verloren.

61 Demokratische Identität kann sich an ganz verschiedenen Gegenständen objektivieren. Dabei besteht im Prinzip kein Widerspruch zwischen der Verehrung einer Verfassung, einer Fahne oder einer Fußballmannschaft. Manchen erscheint das eine dumpf und das andere anspruchsvoll, anderen erscheint das eine künstlich, das andere echt. Aber einen Beschreibungswert für die Demokratie hat dies nicht. Demokratien ziehen der Art und Weise, in der sie sich symbolisch zum Ausdruck bringen, keine Grenzen. Man mag sagen, eine Verfassung könne demokratisch sein, eine Fußballmannschaft nicht; aber das wäre nur ein Einwand, wenn man unterstellte, man würde seine Nationalmannschaft genauso mögen, wenn man in einer Diktatur lebte. In einer Demokratie steht die Mannschaft eben für eine demokratische Nation. Es mag anspruchsvoller sein, die eigene Ordnung wegen ihrer Institutionen zu lieben als wegen ihrer staatlichen Symbole, aber zum einen lassen sich beide nicht einfach trennen, zum anderen privilegieren Demokratien das Anspruchsvolle nicht. Demokratien unterstellen unsere Vernünftigkeit, aber sie verlangen uns für unsere eigene Form politischer Identifikation keine Gründe ab →53. Und natürlich steht es uns in der Demokratie auch frei, all diese Formen symbolischer Identifikation abzulehnen.

62 **In der Demokratie gilt: Wo Kultur war, soll Politik werden.** Nach 1989 erfuhren wir die politische Bedeutung von Kulturen neu.[50] Überlieferte ethnische und religiöse Identitäten sollten die neuen globalen Konfliktlinien definieren. Die Entwicklung der letzten Jahre scheint diese Prognose zu bestätigen, zumal wenn man der zweifelhaften These folgt, es herrsche Krieg zwischen westlicher und islamischer Kultur. Gerne wird diese Beobachtung in die Demokratietheorie übersetzt: Weil Kulturen sich zueinander potentiell gegensätzlich verhielten, könnten verschiedene Kulturen keine gemeinsame demokratische Identität ausbilden. Wenn Deutschland auf einer christlichen (oder neuerdings: jüdisch-christlichen) Kultur beruhte, könnten andere Kulturen nur eingeschränkt Teil der Demokratie in Deutschland werden. Ähnliche Argumente sind überall auf der Welt erfolgreich: bei den Hindus in Indien, weißen Christen in den USA, in islamischen Ländern oder unter orthodoxen Juden in Israel.

Ein solcher Gebrauch des Kulturbegriffs ist zugleich relativistisch und fundamentalistisch:[51] Er ist relativistisch, weil er die Gemeinsamkeiten verschiedener Kulturen leugnet und Menschenrechte oder Demokratie als regionale Phänomene behandelt. Er ist fundamentalistisch, weil Kulturen in dieser Konzeption unteilbar – Individuen sind, wie Herder formulierte – und deswegen keiner bewussten Änderung zugänglich sein können. Aber auch wenn Demokratie keine universale Form darstellt, steht sie doch jedem offen, der sie will. Dagegen entzieht der Kulturbegriff die politische Frage, in welcher Weise wir uns kollektiv identifizieren, unserer eigenen demokratischen Entscheidung. Die gleiche Wirkung hat er auch für unsere individuelle Freiheit, indem er Personen auf ihre Traditionen reduziert.[52] »Kultur« wird zum Schicksal. Doch schon die eindeutige Identifikation von Kulturen ist kaum möglich. Wer nach eindeutigen kulturellen Traditionen sucht, stößt stets auf Vieldeutigkeiten, Mischungen und bewusst

Fabriziertes.[53] In der Tat lassen sich kulturelle politische Identitäten fabrizieren, beispielsweise durch die Stigmatisierung und Diskriminierung von Minderheiten. Die so entstehenden Identitäten sind Folge einer politischen Entscheidung, nicht einer vermeintlich eindeutigen kulturellen Tradition. Für die Demokratie gilt auch hier die Notwendigkeit, Herrschaft ausdrücklich zu machen. Wir können Normen des Zusammenlebens aufstellen: Sprachkenntnisse bei der Einbürgerung vorgeben, die Grenzen religiöser Praktiken ebenso definieren wie die Bekleidung von Lehrern und Schülern in öffentlichen Schulen. Aber in einer Demokratie sind diese Normen als demokratisch verantwortete Regeln auszuweisen, die von allen zu beachten sind. Sie sollten nicht durch einen Kulturbegriff überhöht werden, der unterstellt, andere Regeln wären nicht möglich.

63 **»Multikulturalität« bezeichnet ein normales Problem jeder Demokratie, das durch diese Bezeichnung eher verschärft als gelöst wird.** In der Demokratie erkennen wir uns als gleich frei und ansonsten unterschiedlich an **→12**. Damit ist die Vielfalt von Lebensformen in der Demokratie keine Besonderheit, sondern selbstverständlich. Den Begriff der Kultur sollte man in diesem Zusammenhang besser meiden. Kulturfundamentalisten und Multikulturalisten sitzen demselben Fehler auf: der Verabsolutierung kollektiver Identitäten und der Konsequenz entweder bedingungsloser oder gar keiner Anpassung. Praktisch geht es in solchen Zusammenhängen fast immer um Sonderregeln für Gruppen: Sollen sie sich in bestimmten Territorien selbst verwalten dürfen, sollen sie besondere Stimmrechte bei Wahlen bekommen. Multikulturalisten argumentieren für die Stärkung spezifischer Gruppenanliegen.[54] Aber wenn es hart kommt, kehren sie zu klassisch liberalen Kriterien zurück. Dies zeigt sich am Status von Minderheiten innerhalb von Minderheiten, der sich durch den Hinweis auf Multikulturalität nicht klären lässt: Für Frauen, die in einer Siedlung misshandelt werden, wären »besondere« kulturelle Rechte der Siedlung das Ende ihres Schutzes. Das einzige überzeugende Kriterium ist hier die Freiheit der einzelnen Frau jenseits der Selbstbestimmung der Gruppe, die sie misshandelt oder ihre Misshandlung deckt. Dagegen verabsolutiert die Gegenseite häufig die demokratische Gleichheit und will alle Gruppenrechte kategorisch ausschließen. Wir sollten uns aber klarmachen, dass jede Demokratie Sonderrechte für Gruppen vorsieht, ohne deswegen von kultureller Diversität zu sprechen: von der Steuerabschreibung bis zur Baugenehmigung. Wir sollten mit solchen Ausnahmen vorsichtig sein, gerade weil die Gefahr besteht, mit Sonderrechten die Absonderungen zu verfestigen. Aber wir sollten an »kulturelle« Sonderrechte keine anderen Maßstäbe anlegen als an andere. Ziel solcher Sonderrechte sind nicht noch mehr Sonderrechte, sondern ein Zustand, in dem Sonderrechte überflüssig werden.[55] Wenn Gruppen Rechte einfordern, die allen zustehen, etwa den Bau eines Gotteshauses, geht es dagegen nicht mehr um Multikulturalität, sondern um die selbstverständliche Durchsetzung eines allgemeinen Rechts.

64 **Den Prozess der Integration erkennt man am Konflikt.** Solange man von Minderheiten nichts hört, haben sie sich zurückgezogen. Man mag dann von »Parallelgesellschaften« sprechen, ohne dass dies etwas Schlechtes sein muss. Solange sich alle an die allgemeinen Regeln halten, spricht nichts dagegen, dass sich manche aus dem öffentlichen Leben heraushalten. Wenden sie sich ihm zu, so wird ihr Anderssein erst wahrgenommen, ihnen werden mit einiger Sicherheit Rechte vorenthalten und es kommt zu Konflikten. »Integration« ist ein durchaus nicht unproblematischer Anspruch,[56] Demokratien müssen immer einiges an Desintegration vertragen, das gehört zu einer freiheitlichen Ordnung. Will man trotzdem Integration, muss man sich darauf einlassen, dass die Freiheitssphären neu verteilt werden.

65 **Demokratische Identitäten sind nicht notwendig areligiös. Ob sie es sind, hängt zunächst davon ab, welche Religion die Mehrheit hat.** Distanz zwischen Religion und Staat ist im Begriff der Demokratie nicht notwendig enthalten – wohl aber das Versprechen gleicher Freiheit **→13**. Aus diesem Grund stehen die Rechte der Mehrheitsreligion auch jeder neuen Minderheitsreligion zu. Je geringer die Distanz zwischen demokratischem Staat und Religion ist, desto komplizierter wird die Organisation gleicher Freiheit, denn nun müssen auch neue Religionen in die Distanzlosigkeit eingebaut werden, sie müssen religiösen Schulunterricht oder das Recht zur Steuererhebung bekommen.

66 Pflegen wir die Unterscheidung zwischen rechts und links. Demokratische Gemeinsamkeiten hängen am Widerspruch. Bipolare Konflikte schaffen demokratische Identität. Konsens ist nur für Fragen zu haben, die niemandem bewusst sind oder keinen interessieren. Demokratische Identitäten entstehen an Konflikten. Die Unterscheidung zwischen rechts und links ist deswegen, auch wenn sie sich mit immer neuen Inhalten füllen oder in manchen Fragen gar die Plätze tauschen mag, für demokratische Identitäten nicht überholt. Sie ist der Platzhalter für den demokratischen Dauerkonflikt, ohne den es Willensbildung und Entscheidung nicht geben könnte.[57] Es mag politisch geschickt sein, diese Unterscheidung zu unterlaufen, um sich als politische Mitte oder über den Parteien stehend auszugeben. Aber weder erklärt dies, wie Demokratien operieren, noch fördert es ihr Funktionieren. Denn die Berufung auf die unpolitische Politik der Mitte oder des Sachverstands leugnet, dass wir in der Demokratie Widersprüche zu entscheiden haben, und sie leugnet damit eine wichtige Bedingung von Freiheit: das Bestehen von Handlungsalternativen. Nicht wir entscheiden dann, sondern der Sachzwang, auf den die Mitte sich beruft. Die Unterstellung von Sachzwängen aber radikalisiert. Sie fordert Reaktionen außerhalb des demokratischen Konflikts heraus: symbolische Provokation oder Terrorismus. Bipolare Differenzen wie die zwischen links und rechts bezeichnen dagegen bei aller Unschärfe Handlungsspielräume. Entlang der Gemeinsamkeit des Konflikts über diese Alternativen bilden wir demokratische Identitäten aus. Wir beobachten den politischen Gegner als Teil derselben Entscheidungsgemeinschaft. Wir schaffen eine Gemeinsamkeit des Widerspruchs. Geben wir den Widerspruch auf, verlieren wir auch diese Gemeinsamkeit.

67 Ein Dissens, über den entschieden wurde, schafft mehr Legitimation als ein Konsens, über den nicht entschieden wurde. In demokratischen Auseinandersetzungen besteht die Gelegenheit, Positionen darzustellen und verständlich zu machen, sie dabei weiterzuentwickeln und sogar zu begründen. Ein politischer

Konsens erfordert nichts von alledem. Legitimation kann ein Zustand aber nur beanspruchen, soweit bewusst über ihn entschieden wurde. Nun kann nicht über alles entschieden werden und impliziter Konsens ist für viele Probleme eine gute Lösung. In manchen Fällen erzeugt Konsens aber einen Mangel an politischer Aufmerksamkeit. Ein Beispiel ist die deutsche Europapolitik. Die europäische Integration war in der deutschen Politik nie wirklich umstritten. Alle Lager sind im Prinzip dafür. Daher gab es auch angesichts großer Integrationsschritte wie dem Vertrag von Maastricht wenig Auseinandersetzung. In der Bundesrepublik ist das konservative Lager traditionell europafreundlich, das linke traditionell international. Daraus folgt, dass wir uns in Deutschland nie darüber verständigt haben, warum wir für die Europäisierung sind und was wir von ihr für uns erwarten. Daraus folgt auch, dass wir über europäische Institutionen vergleichsweise wenig wissen. Es mag gute Gründe und noch bessere Interessen für die europäische Integration geben, aber wir hatten mangels demokratischer Auseinandersetzung nie Gelegenheit, sie kennenzulernen. So bleibt die europäische Integration in Deutschland eine Art Naturereignis und die Zustimmung zu ihr ein auf die Dauer eher zufälliger Umstand, auf den man erst vertrauen könnte, wenn sich eine Gegenansicht artikuliert hätte.

Demokratische Handlung

68 Demokratische Legitimation zielt auf Handlung, auf die Veränderung der Welt. Demokratien müssen Zäsuren setzen.[58] Demokratische Entscheidungen zeigen sich im Bruch von Kontinuitäten und Gewohnheiten. Der Wahlakt steht für die Möglichkeit eines solchen Bruchs. In der Demokratie ist es nicht nur möglich, sondern geboten, Orientierungen umzukehren, sich zu korrigieren, Dinge anders zu machen als zuvor. Wenn wir Institutionen wählen oder über Fragen abstimmen, so sollen diese Akte auf Handlungen hinauslaufen, die etwas verändern. Wäre es anders, gäbe es keine demokratische Selbstherrschaft, sondern nur eine Ordnung, die in demokratische Formen verkleidet weitermachen würde wie bisher.

69 Oft scheinen Demokratien nur symbolische Wechsel bei faktischer Kontinuität zu liefern. Während die symbolischen Alternativen, zwischen Parteien und Personen, zwischen rechts und links, groß gemacht werden, scheinen uns faktische Unterschiede selten zu erreichen. Vieles bleibt, wie es ist, und für vieles, das sich ändert, sind die Ursachen ungewiss; sie scheinen jedenfalls nicht Folge einer demokratischen Entscheidung zu sein. Aber dieser verbreitete Eindruck allein begründet kein stimmiges Argument gegen demokratische Herrschaft. Denn es ist klar, dass in einer großen Gesellschaft Veränderungen umständlich umzusetzen und schwer zu erkennen sind, zudem Zeit brauchen. Wenn ein Jahr nach Erlass eines Gesetzes alle rufen, dass die Entscheidungen »nicht greifen«, so liegt das Problem in den Erwartungen an demokratisches Handeln. Daraus folgt zwar noch nicht, dass demokratische Entscheidungen die beabsichtigten Konsequenzen haben müssen, aber sehr wohl, dass wir uns über unsere Erwartungen an diese Konsequenzen Rechenschaft ablegen sollten.

70 Demokratische Politik muss erklären, wo sie *nicht* handeln kann. Ein großes Problem demokratischer Politik besteht darin, dass von ihr auf alles Reaktionen erwartet werden. Das zwingt sie zu symbolischem Handeln, zur sprichwörtlichen, aber folgenlosen »Verschärfung der Gesetze«. Besser wäre es anzuerkennen, dass nicht alle Probleme zu lösen sind. Nur wenn wir das einsehen, schützen unsere beschränkten Erwartungen uns vor unbeschränkter Enttäuschung. War der 11. September zu verhindern? Oder besteht seine Logik darin, dass gerade die Reaktionen von den Terroristen einkalkuliert wurden und es besser gewesen wäre, viele Dinge – wie die Organisation der amerikanischen Geheimdienste – so zu lassen, wie sie waren?[59] Ein Stück Resistenz gegen Populismus **→40** bestünde darin, beschränkte Handlungsmöglichkeiten offen zu benennen und zuzugestehen, dass nach manchen Ereignissen nichts getan werden kann. Dieses Zugeständnis ist so selten, weil es in der Auseinandersetzung schlecht zu vermitteln ist. Es wirkt hilflos, aber das ändert nichts an seiner Richtigkeit.

71 Die Folgen demokratischer Entscheidungen bleiben stets umstritten. Wie können wir in die Welt eingreifen und wann können wir eine Veränderung der Welt als durch uns verursacht verstehen? Diese Fragen sind für kollektives Handeln noch schwieriger zu beantworten als für individuelles. Die Zusammenhänge zwischen Entscheidung und Wirkung sind in der Demokratie komplex und unübersichtlich. Der Widerstand der Minderheit ist mit der demokratischen Entscheidung nicht beendet, mit welcher die Mehrheit die Minderheit überstimmt hat. Welche Wirkung demokratische Entscheidungen haben, bleibt umstritten. So wichtig es für demokratische Willensbildung auch ist, Ressourcen der Objektivität zu bewahren **→56**; die Hoffnung, es ließe sich objektiv beurteilen, was aus politischen Entscheidungen folgt, eine »Gesetzesfolgenabschätzung«, ist erkenntnistheoretisch und demokratietheoretisch naiv.[60] Sie trägt Objektivitätserwartungen in den Kern demokratischer Auseinandersetzung, in dem bereits die Frage, worin überhaupt ein Problem besteht, umstritten sein kann. Wie bei unseren individuellen Handlungen müssen wir auch hier die Ungewissheiten unseres Verhältnisses zur Welt ertragen. Dies lädt zu Bescheidenheit und Vorsicht bei der Erwartung an demokratische Entscheidungen ein. Seien wir angenehm überrascht, wenn etwas funktioniert.

72 Gesetze erzeugen keine kausalen Wirkungen, aber sie verändern Bedeutungen. Handeln Parlamente? Ist ein parlamentarisches Gesetz nicht eine bloße Willenserklärung? Wenn ein Parlament per Gesetz ein Verbot ausspricht, so ist damit die Welt noch nicht verändert. Wenn wir die organisierte Kriminalität untersagen, wird sich weder in Sizilien noch in Mannheim viel ändern. Trotzdem ist ein Gesetz nicht nur eine Ansammlung von Worten. Gesetze funktionieren nicht als Ursachen, sie verändern Bedeutungen. Mit einem Ausdruck aus der analytischen Philosophie können wir ihre Wirkung als performativ bezeichnen: wie andere Akte, die zugleich Text und Handlung sind, wie das »Ich will« in der Hochzeitszeremonie, mit dem in der Welt der Institutionen durch eine gestiftete Ehe ein neues Faktum entsteht.[61] Gesetze sind Normen. Sie sind darauf angelegt, die Welt zu verändern, aber die Art, in der sie die Welt ändern, hängt nicht einfach daran, dass sie befolgt werden. Vielleicht wurden sie bereits befolgt, bevor sie erlassen wurden. Werden sie nicht befolgt, so bleiben sie doch bestehen. Gesetze wandeln die Bedeutung einer Handlung. Der gründliche deutsche Gesetzgeber, der Mord und Totschlag verbietet, schafft diese damit nicht aus der Welt. Er bringt vielmehr zum Ausdruck, dass die demokratische Gemeinschaft Morde verachtet und Mörder verfolgt. Die Bedeutung von Mord für uns als demokratische Gemeinschaft ändert sich, wenn wir uns darauf geeinigt haben, ihn zu bestrafen. Das allein wird uns nicht zufriedenstellen, darum organisieren wir demokratisch verantwortliche Maßnahmen gegen Verbrechen. Aber solche Maßnahmen sind überhaupt nur denkbar, wenn wir Mord demokratisch missbilligt haben. Die Missbilligung durch die demokratische Gemeinschaft ist der erste handlungsrelevante Gehalt von Gesetzen.

73 Demokratisches Handeln entsteht durch Normen, die demokratische Verantwortlichkeiten definieren und Mittel legalisieren. Wir benennen durch Gesetz Personen, die dafür verantwortlich sind, Morde zu verhindern. Dies setzt zweierlei voraus: Diese Personen müssen in einem demokratischen Verfahren für diese Aufgabe verantwortlich gemacht worden sein und sie müssen in die Lage versetzt werden, ihre Verantwortlichkeit zu erfüllen, etwa indem sie das Recht bekommen, jemanden festzunehmen. So nähern wir uns mit Hilfe demokratischer Regeln der Bewirkung von Folgen. Aber natürlich bleibt auch hier vieles ungewiss. Es gibt in einer Demokratie kein Räderwerk vom Verbot zu seiner Bewirkung. Gemordet wird weiterhin. Es ist auch nicht klar, welche Sanktionen für den Verantwortlichen in welchem Fall angemessen sind. Was sind richtige Regeln, um Staatsanwälte und Polizei zu kontrollieren? Wann kann man von ihrem Versagen sprechen? Allgemeine Wahrheiten zur Beantwortung dieser Fragen fehlen. Standards sind demokratisch zu definieren und demokratisch weiterzuentwickeln, nachdem man Erfahrungen mit ihnen gemacht hat. Aber auch hier verläuft demokratisches Handeln normativ: Durch die Verteilung von Verantwortlichkeiten und die Legalisierung von Mitteln werden bestimmte Wirkungen wahrscheinlicher, ohne garantiert zu sein.

74 Über demokratische Legitimation sollten nur Organe verfügen, die auch handeln dürfen. Demokratische Legitimation begründet die Erwartung, demokratisch zu handeln. Legitimation und Handlungsmacht müssen übereinstimmen. Wo nicht definiert gehandelt, sondern informell Einfluss genommen wird, bleibt demokratische Herrschaft unsichtbar und damit verantwortungslos. Darum ist es zwar nicht eben klassisch demokratisch, doch institutionell sehr klug, wenn in konstitutionellen Monarchien das Staatsoberhaupt nicht demokratisch legitimiert ist. Im zweiten deutschen Kaiserreich hatte der Reichstag großen politischen Einfluss, aber er regierte nicht, weil der Reichskanzler nicht von ihm abhängig war. Das war eine Schwäche des Reichstages und zugleich durchaus bequem: Man konnte opponieren, ohne jemals Verantwortung zu übernehmen. Diese Sicht steckte auch dem Parlamentarismus der Weimarer Republik in den Knochen.[62] Informeller Einfluss ist ohne verantwortbare Handlungsmacht eine demokratische Untugend.

75 Daher sollte der Bundespräsident nicht vom Volk gewählt werden. Demokratische Legitimation soll in verantwortete Handlungen münden, nicht in diffusen politischen Einfluss **→74**. Ein direkt gewählter Bundespräsident dürfte nicht mehr tun, als er gegenwärtig tun darf, er würde jedoch dazu ermutigt, mehr Mitsprache zu verlangen, ohne für die Folgen dieser Mitsprache demokratisch zur Verantwortung gezogen zu werden. Er dürfte immer noch keine Gesetze oder Verordnungen erlassen. Seine Handlungen würden erst in den Handlungen anderer Organe wirksam, die auch dafür geradezustehen hätten. In einer solchen Konstellation läge kein Gewinn an demokratischer Selbstbestimmung, weil die praktischen Möglichkeiten zur Selbstbestimmung weder vermehrt noch verstärkt würden, sondern nur die demokratische Willensbildung um einen unverantworteten Beitrag erweitert würde.

76 Demokratisches Handeln neigt zu Selbstbezüglichkeit. Zwischen der Symbolik der demokratischen Entscheidung und der Technik ihrer Verwirklichung klafft ein Widerspruch. Demokratisches Handeln wird auch dort erwartet, wo nichts getan werden kann **→70**. Es wird auf Folgen hin beobachtet, die entweder nicht unumstritten sind oder später eintreten als erwünscht **→71**. Solche Friktionen führen zu symbolischen Handlungen, zu Maßnahmen, die Folgen suggerieren, die sie nicht haben, oder an Ergebnissen orientiert sind, die nur noch innerhalb des politischen Prozesses einen Wert bekommen: Eine Partei ist gegen eine Maßnahme, nur weil eine andere dafür ist. Eine Entscheidung, die niemand will, wird getroffen, um den zuständigen Minister nicht zu beschädigen, der sich öffentlich zu ihr verpflichtet hat. Umgekehrt: Einer Staatsanwaltschaft mehr Personal zu geben oder ein Sozialamt umzuorganisieren mag bedeutende Wirkungen erzeugen, obwohl solche Entscheidungen nur einen geringen Symbolwert haben. Doch nur symbolisch bedeutende Entscheidungen haben Aussicht auf die demokratische Aufmerksamkeit, die so knapp ist, weil sie sich potentiell mit allen Fragen zu beschäftigen hat. Die Logik demokratischer Willensbildung legt mitunter Entscheidungen nahe, die keine Wirkungen entfalten. Willensbildung und Handlung verfangen sich ineinander. Weil es sich um ein Strukturproblem handelt, ist es sinnlos, es »den Politikern« anzulasten. Mehr als aufmerksame Beobachtung ist nicht zu empfehlen.

77 **Ob Demokratien zu schnell oder zu langsam handeln, ist eine offene Frage.** Einerseits scheinen Demokratien zu langsam zu entscheiden, ihre Verfahren gelten als schwerfällig **→52**. Auf der anderen Seite schaffen die Wahlzyklen Anreize, Dinge zu kurzfristig zu entscheiden. Daher diskutieren wir über nachhaltiges Entscheiden **→78**. Wiederum besteht der Widerspruch vornehmlich in unseren Erwartungen, die für unterschiedliche Fragen unterschiedliche Zeitvorstellungen entwickeln. So können ganze Generationen den Nutzen einer Entscheidung verpassen, den alle folgenden Generationen genießen werden: Unter den Reformen der Sozialkassen leiden die Heutigen, ihre Kinder profitieren davon. Länder wie China oder Brasilien wollen ihre wirtschaftliche Modernisierung ohne die Begrenzung von Arbeits- oder Umweltschutzregeln durchlaufen, die erst zu einer Zeit erfunden wurden, als die europäischen Länder bereits modernisiert waren. Der feste Rhythmus demokratischer Willensbildung ist nicht in der Lage, diese Komplikationen abzubilden. Dasselbe lässt sich allerdings auch über unsere eigene Lebenszeit sagen. Wir wollen ein gelungenes Leben, egal wie kompliziert die Verhältnisse sind, und wir reduzieren die Kompliziertheit der Welt, jedenfalls solange wir nicht ins Kloster gehen, auf unseren eigenen biographischen Zyklus.[63]

78 **»Nachhaltiges Entscheiden« ist zu schlicht als Idee, um die Zeitprobleme der Demokratie zu lösen.** Seit einigen Jahren wird sie im Völkerrecht und in manchen nationalen Rechtsordnungen propagiert. Wenn wir uns heute verschulden oder die Luft verschmutzen, beschränken wir damit die Handlungsmöglichkeiten aller nachfolgenden Generationen. Um das zu verhindern, müssen wir diese Konsequenzen in unsere Entscheidungen einbeziehen. Wir müssen die Zukunft mitberücksichtigen. Viele Nachfragen stellen sich: War es nicht schon immer so, dass eine Generation die Folgen des Handelns ihrer Vorgänger zu verwalten hatte? Können und dürfen wir nur für uns selbst entscheiden, nicht auch für Personen, die es noch gar nicht gibt? Haben wir uns in der Moderne von der Abhängigkeit der Tradition befreit, um nun in Abhängigkeit von der Zukunft zu geraten? Geht es wirklich um ein neues Entscheidungsmodell oder nur darum, dass wir heute von der Zukunft mehr zu wissen glauben als früher? Das wesentliche Problem liegt aber an anderer Stelle. Die Idee des nachhaltigen Entscheidens wendet sich nur gegen Entscheidungen, die zu kurzatmig sind, nicht gegen die, die als zu schwerfällig gelten. Anders gesagt: Um mit einem gewissen Maß an Sicherheit die generationenübergreifenden Folgen eines Handelns überschauen zu können, muss die Entscheidung sehr sorgfältig und damit auch sehr langsam gefällt werden. Demokratien leiden aber an ganz unterschiedlichen Zeitproblemen, sie mögen zu schnell und zu langsam, zu kurzfristig und zu langfristig handeln **→77**. Manchmal muss wie im Katastrophenschutz ein Problem sofort gelöst werden ohne große Ursachen- und Folgenkenntnisse. Richtiger als die pauschale Forderung nach Nachhaltigkeit erscheint eine größere Variabilität von Entscheidungszyklen. Das erreicht man nur dadurch, dass der demokratische Prozess weitere Verfahren ausgliedert, die anderen Zeitrhythmen unterliegen, wie beispielsweise in vielen Ländern unabhängige Zentralbanken nicht in Legislaturperioden handeln. Aber auch solche Ausgliederungen müssen demokratisch beschlossen werden. Völlig entkommen wir dem Ungenügen des demokratischen Zeitrahmens nicht.

79 Die Demokratisierung der Gesellschaft stößt auch an die Grenzen demokratischen Handelns. Die Grenzen zwischen öffentlichen demokratisch organisierten Angelegenheiten und privaten sind in der Demokratie nicht fest definiert, aber eine vollständige Demokratisierung der Gesellschaft würde die Demokratie zerstören **→24**. Zugleich ist die Gesellschaft ein Bereich von Ungleichheit und Herrschaft, der oftmals demokratischen Idealen widerspricht. Es erscheint notwendig, hier einen Widerspruch anzuerkennen, der sich nicht einfach auflösen lässt: Weder kann sich demokratische Herrschaft so weit zurückziehen, dass sie größere Teile ihrer Mitgliedschaft unter den Bedingungen ungleicher privat ausgeübter Herrschaft zurücklässt, noch kann die Grenze zwischen demokratischer Ordnung und privater Selbstbestimmung beseitigt werden. Wie schwierig dies ist, sieht man am Kampf um eine richtige Wirtschaftspolitik. Zu ihr hat eine Theorie der Demokratie wohl weniger zu sagen, als viele ihrer Theoretiker sich wünschen würden. In jedem Fall stößt die Regulierung der Wirtschaft nicht nur an normative Grenzen der Freiheit, sondern auch an faktische Grenzen. Bestimmte Fähigkeiten von Märkten lassen sich in demokratischen Verfahren nicht simulieren.

Drei demokratische Gewalten

80 Die Gewaltenteilung vermittelt demokratische Willensbildung mit demokratischer Handlung. In einer Demokratie müssen alle Organe demokratisch legitimiert sein, aber sie dürfen nicht alle dasselbe tun. Daher bedarf auch die Demokratie der Gewaltenteilung. Ursprünglich sollte die Gewaltenteilung die Freiheit der Gesellschaft vor der Tyrannei eines allmächtigen Herrschers bewahren. Aber wo bleibt diese Bedrohung unter den Bedingungen der Demokratie? Ist Volkssouveränität nicht die gute Tyrannei einer demokratischen Einheit über sich selbst, die durch die Gewaltenteilung bloß gestört würde? Noch heute unterscheiden demokratische Staaten zwischen den drei Gewalten, der gesetzgebenden, der ausführenden und der richtenden Gewalt. Aber warum? Die erste Antwort liegt im Verhältnis zwischen demokratischer Willensbildung und demokratischer Handlung. Die Unterscheidung zwischen Wille und Handlung ist ein altes Bild für die Beschreibung von Gesetzgeber und Exekutive.[64] Ein Parlament als Versammlung von Personen kann allgemeine Entscheidungen treffen, aber nicht alle Einzelfragen klären, es kann Normen definieren, aber nicht in die Welt hinausgehen, um sie durchzusetzen, es kann zentrale Ämter besetzen, aber nicht jede Person engagieren, die für den Staat arbeitet. Das Parlament soll ohnehin Distanz zur Welt halten →**51**. Wille, Handlung und Kontrolle der Handlungen lautet die Arbeitsteilung zwischen Gesetzgeber, Exekutive und Gerichten. In der Demokratie dient die Gewaltenteilung also nicht dem Schutz vor Tyrannei, sondern der Arbeitsteilung, die es gestattet, Entscheidungen zu treffen und durchzusetzen. So gesehen handelt es sich weniger um eine Teilung als um eine Unterscheidung der Gewalten.[65]

81 Der Konflikt zwischen Freiheit durch Herrschaft und Freiheit vor Herrschaft wird durch die Gewaltenteilung offengehalten. Ein zweiter Grund für Gewaltenteilung liegt in dem offenen

Verhältnis zwischen Freiheit vor Herrschaft und Freiheit durch Herrschaft in der Demokratie **→23**.[66] Parlamente artikulieren Freiheit durch Herrschaft. Sie definieren durch Gesetze Freiheitsräume, Rechte und Pflichten. Gerichte stehen für die Freiheit vor Herrschaft, sie setzen Anliegen des Einzelnen gegen demokratisch legitimierte Organe oder gegen andere Individuen durch. Im Gesetzgebungsverfahren sollen potentiell alle Interessen zu Wort kommen können. Im Gerichtsverfahren wird das Anliegen einer Person in einem ganz spezifischen Fall individuell untersucht und von einer politisch unabhängigen Stelle entschieden. Die Frage, wer mehr Macht hat, ein Parlament oder ein Gericht, stellt sich in diesem Arrangement nicht. Parlamente haben das erste Wort, Gerichte das letzte. Parlamente entscheiden die Angelegenheiten aller in abstrakter Form, Gerichte die Angelegenheiten Einzelner konkret. Es gibt keine Souveränität des Parlaments, aber auch kein allmächtiges Letztentscheidungsrecht der Gerichte.

82 Die Demokratie kennt viele Formen der Gewaltenteilung. Vergleichen wir nur das amerikanische und das deutsche Regierungssystem. Der entscheidende Unterschied besteht darin, welche Gewalten gewählt werden. In allen Ordnungen wird das Parlament gewählt, in vielen Ordnungen wie in den Vereinigten Staaten oder Frankreich auch der Chef der Exekutive, in manchen – wie in den amerikanischen Gliedstaaten – auch Richter und Staatsanwälte. Auf den ersten Blick erscheint die demokratische Wahl aller Gewalten als die demokratischste Lösung. Doch wird demokratische Legitimation nicht nur durch Wahlen vermittelt. Außerdem ist zu bedenken: Wenn verschiedene Gewalten in unterschiedlichen Wahlen kreiert werden, gewinnen sie eine voneinander unabhängige demokratische Legitimation. Alle Gewalten können sich auf das Volk berufen und sich in dessen Namen wechselseitig blockieren. Es entsteht eine demokratische Willensvielfalt. Wenn allein das Parlament vom Volk gewählt wird und die Regierung einsetzt, steht diesen politisch synchronisierten Mehrheiten weniger Widerstand entgegen. Demokratische Entscheidungen sind leichter zu treffen und durchzusetzen. In der amerikanischen Verfassung ist die Willensvielfalt beabsichtigt.[67] Der Staat soll nur handeln, wenn die unterschiedlichen

Gewalten, die aus verschiedenen Wahlen hervorgegangen sind, sich einigen können. In diesem institutionellen Unterschied zeigt sich, ob eine demokratische Ordnung sich mehr vor der Unfreiheit durch Herrschaft oder vor der Unfreiheit durch das Fehlen demokratischer Herrschaft fürchtet. Wo die demokratische Willensbildung so vielfach vermittelt wird wie in den Vereinigten Staaten, soll demokratische Herrschaft gegenüber privater Selbstbestimmung die Ausnahme sein.

83 Herrschen faktisch nicht nur Personen, der Kanzler, der Präsident, samt ihrer Stäbe? In den meisten demokratischen Verfassungsordnungen scheinen die Regierungen politisch mächtiger zu sein als die Parlamente. Ob dies zutrifft, ist ähnlich schwer zu überprüfen, wie sich Macht messen lässt. Aber manches spricht gegen die Richtigkeit dieses Eindrucks: Zunächst haben einzelne Personen in kleinen hierarchischen Organisationen stets mehr Macht als in großen egalitären. Deswegen ist ein Regierungschef immer mächtiger als ein Abgeordneter. Aber der Abgeordnete ist deswegen nicht weniger mächtig als der Abteilungsleiter eines Ministeriums und das gesamte Parlament nicht weniger mächtig als der Regierungschef. Zudem wird Macht bei den unterschiedlichen Aufgaben der Gewalten unterschiedlich wahrgenommen: Regeln zu setzen, deren Effekt vielleicht immens, aber doch langwierig und schwer definierbar ist **→71f.**, wie ein Parlament dies tut, ist eine weniger greifbare Form von Macht, als Regeln durchzusetzen und Einzelentscheidungen zu vollziehen. Schließlich sind die Verwaltungsapparate in vielen Systemen praktisch an der Gesetzgebung beteiligt. Sie entwerfen die Gesetze. Das ist in einer parlamentarischen Demokratie aber kein Verstoß gegen die Gewaltenteilung und noch nicht einmal undemokratisch. Regierung und Parlamentsmehrheit stehen auf derselben politischen Seite, die Verwaltungen orientieren sich an der Ausrichtung des Parlaments. Die Machtverteilung in parlamentarischen Systemen, in denen Regierung und Parlamentsmehrheit eine Einheit bilden, funktioniert also ganz anders als in Präsidialsystemen. In Letzteren lässt sich die Macht des Parlaments viel einfacher isoliert beurteilen. Wenn Gesetz und Verwaltung Wille und Handlung entsprechen **→80**, ist es sinnlos zu behaupten, die Handlung sei mächtiger als der Wille. Auch historisch lässt sich die weit verbreitete These, es gäbe eine große Machtverschiebung fort von den Parlamenten, nicht belegen.[68]

84 Die parteipolitische Besetzung der Verwaltung ist in einer Demokratie ein notwendiges Übel. In einem Land mit zwei Parteien, »rechts« und »links«, kommt nach zwölf Jahren wieder »rechts« an die Macht. Nach einer so langen Zeit sympathisieren die meisten Beamten in den Ministerien mit »links«. Wenn die neue Ministerin keine Getreuen in das Amt bringen dürfte, könnte sie nicht die »rechte« Politik machen, für die sie gewählt wurde. Das wäre nicht demokratisch. Daraus folgt nicht, dass jede Stelle im Ministerium neu zu besetzen wäre und dass sie einen Freund der Familie zum Pförtner machen darf; aber es genügt eben auch nicht, dass die Ministerin ihren »linken« Beamten Weisungen erteilen kann. Sie bedarf der Unterstützung anderer Personen, sie braucht Verbündete in der Organisation, jedenfalls in den oberen Teilen der Hierarchie, in denen die Politik entwickelt, nicht nur ausgeführt wird. Manche Klage über eine zu politische Verwaltung entstammt dem in Deutschland wirkmächtigen monarchischen Mythos vom unparteiischen, aber kompetenten Beamten, der nicht politisch, sondern sachlich angemessen, also schlicht »richtig« handelt. Schon Max Weber hat gegen diese Ansicht angeschrieben,[69] aber sie findet sich bis heute – nicht zuletzt bei Ministerialbeamten. Richtig ist diese Vorstellung nur für die untere Hälfte der Verwaltung, die Regeln anwendet, nicht gestaltet. Hier ist die parteipolitische Besetzung eine Pest. Aber auch hier müssen wir auf die Widersprüchlichkeit unserer Erwartungen achten: Je weniger Beamte auf Lebenszeit in der Verwaltung arbeiten, je mehr sie den Idealen der Flexibilität und kurzfristigen Problemlösung genügen, desto einfacher ist es, die ganze Verwaltung parteilich zu politisieren.

85 Ist die Demokratie zu weit entfernt, wenn die Verwaltung entscheidet? Die Bewohner einer Straße wollen über alle Angelegenheiten, die sie betreffen, selbst entscheiden. Gleiches gilt für die Augenärzte in einem Bundesland. Aber es entscheidet eine Behörde. Sie wendet Gesetze an, die in sachlich großer Entfernung im fernen Parlament getroffen wurden. Sollte man die Betroffenen nicht an der Entscheidung teilhaben lassen? Dies ist eine vieldiskutierte Frage.[70] Unbestritten ist, dass den Betroffenen Gelegenheit gegeben werden muss, ihren Standpunkt darzustellen. Das dient nicht nur den Rechten der Betroffenen, sondern auch dem Informationsstand der Verwaltung. Wenn Betroffene mitentscheiden sollen, ergibt sich das folgende Problem: Weder die Straßenbewohner noch die Augenärzte entscheiden nur über ihre eigenen Angelegenheiten, wenn sie entscheiden. Lehnen die Bewohner eine Baumaßnahme ab, wird der Verkehr in einer anderen Straße lauter. Regeln die Augenärzte ihre Zulassung, schließen sie andere Ärzte aus oder treffen Entscheidungen, die auch Patienten betreffen. In bevölkerungsreichen und komplexen Gesellschaften erscheint die Demokratie in der Tat weit entfernt von der Entscheidung der Verwaltung, aber diese Distanz ist eine Errungenschaft **→51**. Bürgerferne ist manchmal besser als Bürgernähe. Und doch: Würde man dieses Argument überspitzen, wäre es eine pauschale Rechtfertigung für völlige Zentralisierung. Eine Lösung besteht darin, demokratische Entscheidungen föderal und kommunal zu gliedern **→113**, nicht aber darin, nur diejenigen entscheiden zu lassen, die von einer Entscheidung unmittelbar betroffen sind.

86 Öffentliche und Private sollten nicht in einer gemeinsamen Organisation handeln. Welche Fragen durch den Staat, welche besser durch Private und den Markt geregelt werden sollten, ist eine umstrittene Frage, zu deren Beantwortung unser Minimalbegriff von Demokratie wenig beitragen kann. Für eine demokratische Ordnung ist es nur wichtig, dass wir erkennen können, an welchen Stellen demokratisch entschieden wird und an welchen nicht. Unternehmen, an denen der Staat und Private gemeinsam beteiligt sind, Konsortien, in denen sie kooperieren, verwischen die unterschiedlichen Interessen und die auseinandergehenden Verantwortlichkeiten von Unternehmen und demokratischem Staat. Legitime Widersprüche zwischen demokratischen und wirtschaftlichen Interessen verschwinden in einer gemeinsamen Organisation, um schließlich als fehlerhafte Entscheidungen wieder aufzutauchen, für die nun niemand mehr zur Verantwortung gezogen werden kann wie beim Aufbau eines elektronischen Maut-Systems in Deutschland. Staat und Private können zusammenarbeiten, aber ihre Beiträge müssen unterscheidbar bleiben. Gleiches gilt für die Beratung demokratischer Entscheidungen. Private und Experten beraten die demokratische Entscheidungsfindung, ohne selbst die Legitimation zu haben, zu entscheiden. Die Unterscheidung zwischen Beratung und Entscheidung ist dringlich, wenn auch schwer zu bestimmen. Von demokratischen Entscheidungen erwarten wir daher selbständige Begründungen und zumindest punktuelle Abweichungen. Stimmen Entscheidung und Beratung überein, fehlt der Entscheidung die demokratische Legitimation.

87 Die Erwartungen an demokratische Verwaltungen sind widersprüchlich, weil sie zwischen Politik und neutraler Rechtsanwendung vermitteln. Wir erwarten von demokratischen Verwaltungen Treue zum demokratischen Gesetz, aber Offenheit für die konkrete Situation, in der wir ihr begegnen, demokratische Legitimation, aber parteipolitische Neutralität, wir erwarten kontrollierte Leistungsbereitschaft und Unabhängigkeit. Die Widersprüchlichkeit unserer Erwartungen hängt mit der besonderen Stellung der Verwaltung in der demokratischen Gewaltenteilung zusammen. Verwaltungen stehen zwischen Parlamenten und Gerichten, sie wenden demokratische Regeln an, sie überführen den politischen Prozess in eine konkrete Entscheidung. So ist der Hohn über demokratische Verwaltungen immer leicht zu haben – aber kaum widerspruchsfrei zu formulieren. An Verwaltungen ist sicherlich vieles zu verbessern, aber bevor wir wissen, wie die Verbesserung aussehen soll, haben wir unsere Erwartungen zu definieren.

88 Demokratien sind bürokratisch. Bürokratie ist die negative praktische Folge idealer Anforderungen an demokratische Verwaltungen. Auch hier zeigen sich unsere widersprüchlichen Erwartungen an die Demokratie: Verwaltungen sollen alle Beteiligten anhören, niemanden diskriminieren, daher bei jeder Entscheidung prüfen, wie in vergleichbaren Fällen entschieden wurde, Entscheidungen begründen, ihr Tun so dokumentieren, dass es nachvollziehbar und kontrollierbar ist, und die Folgen ihrer Entscheidungen überschauen. Jede dieser Forderungen hat einen demokratischen Ursprung: sie dienen der Bindung an demokratische Gesetze und der demokratischen Kontrolle. Keiner dieser Forderungen wird man vernünftigerweise widersprechen. Jede dieser Forderungen führt zu mehr Bürokratie. Bürokratie ist ein Preis für Selbstbestimmung. »Schnell und unbürokratisch« handeln Diktaturen.

89 Was bezeichnen wir in einer Demokratie eigentlich als Überregulierung? Wir beklagen, es gäbe zu viele Regeln. Aber Regeln entstehen selten, ohne dass sie gefordert würden – und etwas zu regeln bedeutet in einer Demokratie eben auch, über eine Frage ausdrücklich entschieden zu haben. Je mehr wir intervenieren können, desto mehr müssen wir regeln. Könnten wir das Wetter bewusst ändern, bräuchten wir dazu ein Gesetz und ein sicherlich kompliziertes Verfahren.[71] Auch Märkte bedürfen der Regulierung: Viele Märkte können nur durch Regeln, etwa mit Hilfe von Produktstandards, vereinheitlicht werden, die es gestatten, grenzüberschreitend zu handeln→**119**. Die Kritik an zu vielen Regeln ist daher nicht selten Heuchelei, denn solche Regeln werden gerade von Marktteilnehmern erbeten, um Produkte im Ausland verkaufen zu können oder um Sicherheit vor Schadensersatzansprüchen zu haben. Menschen, die ihre Interessen gegenüber dem Staat äußern können wollen, brauchen Regeln. Ohne Regeln gibt es keinen Schutz durch Gerichte. Die Überregulierung von Planungen samt der Dauer der Verfahren dient dem Schutz von Betroffenen. Wäre es besser, man bekäme ohne Vorwarnung eine Autobahn durch sein Grundstück gelegt? Dass gerade demokratische Rechtsstaaten eine zwanghaft übertriebene Regelungsintensität aufweisen, ist nicht bestritten. Aber dieser Zwang ist Ausdruck unserer eigenen Zwanghaftigkeit, nicht das Werk einer bürokratischen Verschwörung. Jede Regulierung ist eine Entscheidung über die Verteilung von Freiheit, aber Freiheit kann durch Regeln zunehmen, abnehmen oder nur umverteilt werden →**23**. Was Überregulierung bedeutet, was nicht, ist eine politische Frage, die einer demokratischen Entscheidung bedarf. Einen wertfreien unpolitischen Beurteilungsposten für die Bewertung als Überregulierung haben wir nicht.

90 Richter und Staatsanwälte demokratisch zu wählen, erscheint einem kontinentaleuropäischen Rechtsverständnis als Übertretung. Denn die Justiz soll unserer Vorstellung nach keinen eigenen politischen Willen haben, sondern das Gesetz durchsetzen. Die Wahl zwischen einer »linken« und einer »rechten« Justiz käme uns wie ein Vergehen an der Rechtsordnung vor. In den Vereinigten Staaten gilt der direkt gewählte Staatsanwalt als wichtiges politisches Einstiegsamt. Wer den Gedanken nicht aufgeben will, dass alle Straftaten verfolgt werden müssen und die Verfolgung keiner politischen Vorauswahl unterliegt, wer daran glaubt, dass die Auslegung von Gesetzestexten zwar Spielräume kennt, aber keine, die sich nach dem Schema von rechts und links ausfüllen ließen, wird auf die Wahl der Justiz lieber verzichten. Natürlich spricht manches gegen diesen europäischen Formglauben. Gesetzestexte sind oft vieldeutig, unterschiedliche Richter entscheiden gleiche Fälle erfahrungsgemäß unterschiedlich: Wäre es dann nicht besser, die Justiz gleich in einem demokratischen Verfahren ausdrücklich zu politisieren? Formen funktionieren, wenn man ihnen vertraut und wenn man sie institutionell kultiviert, auch durch die Ausbildung von Richtern und die Bestimmung ihrer professionellen Ideale. Wenn Gerichte darauf verpflichtet werden, gesetzestextgetreu und politikfern zu entscheiden, bringen wir unser Formvertrauen zum Ausdruck und stärken es zugleich. Das Ideal einer fairen und neutralen Justiz würde durch demokratische Wahl – wie sie in den USA üblich ist – ausdrücklich in Frage gestellt. Unsere Vorstellung einer arbeitsteiligen Gewaltenteilung ginge verloren, wenn sich die Entscheidung einzelner Fälle auf die politischen Vorlieben jener Personen zurückführen ließe, die sie treffen.

91 Die Legitimation von Gerichten ist nicht rein demokratisch. Die Legitimation von Gerichten ergibt sich einerseits aus ihrer Bindung an demokratische Gesetze, es ist eine demokratische Legitimation. Andererseits legitimieren sich Gerichte durch ihr sehr spezifisches Verfahren, durch die Zuwendung zu einem besonderen Fall: Gerichte hören die Parteien an und entwickeln für die Entscheidung jedes Falls eigene, besondere Gründe, ohne für ihre Entscheidungen politisch verantwortlich zu sein. Der Widerspruch zwischen diesen beiden Rationalitäten ist ein altes juristisches Problem. Denn die Besonderheit jedes Falls lädt zu einem freien Umgang mit dem Text des Gesetzes ein. Dieser Widerspruch ist nicht aufzulösen, sondern in seiner Nützlichkeit zu verstehen: Wir schaffen mit dem Gerichtsverfahren einen Raum, in dem unsere Freiheit vor demokratischer Herrschaft geschützt wird. Das Gericht nimmt sich gerade unserer Sache an und entscheidet politisch unabhängig – aber es entscheidet nicht außerhalb der Demokratie, sondern nach demokratischen Regeln, damit unser individueller Freiheitsanspruch nicht die anderen bedrängt.

92 In der Demokratie sind Gerichte nicht die Hüter der öffentlichen Moral. In Deutschland neigen Gerichte traditionell zu der Annahme, sie könnten angemessenere Entscheidungen treffen als der Gesetzgeber.[72] Dieser Anspruch wird gern mit der Erfahrung des Nationalsozialismus gerechtfertigt. Dort seien totalitäre Gesetze von moralisch blinden Richtern buchstabengetreu angewendet worden. Als eine Lehre daraus sollten Gerichte mit moralischen Maßstäben Recht sprechen. Selbst wenn diese historische Darstellung richtig wäre, würde sich doch die Frage stellen, warum Richter mit demokratischen Gesetzen in gleicher Weise umgehen sollten wie mit Gesetzen in einer Diktatur. Aber diese Darstellung stimmt noch nicht einmal: Im Nationalsozialismus wurden unverdächtige Gesetze mit Hilfe allgemeiner Grundsätze moralisiert und politisiert. So konnte man im Namen der »guten Sitten« eine Ehe mit einem Juden anfechten, auch wenn das Familienrecht dies nicht vorsah.[73] In der Demokratie dagegen gilt: Weil Gerichte politisch unabhängig sind **→91**, beziehen sie ihre Legitimation aus einem fairen Verfahren und aus der Anwendung demokratischer Gesetze. Entscheiden sie ohne Gesetz, entscheiden sie ohne Legitimation, berufen sie sich auf eine Moral, die über die Einsicht in die Besonderheiten des Falles hinausgeht, stellt sich die Frage, woher sie diese Moral haben und warum ihre Moral besser sein sollte als die moralischen Überzeugungen des Gesetzgebers.

Demokratische Grenzen der Demokratie

93 **Die demokratische Gemeinschaft soll über alle Fragen entscheiden können. Ihr Handeln kennt nur Grenzen, die aus der demokratischen Idee selbst folgen.** Im demokratischen Versprechen bleibt eine demokratische Gemeinschaft mit sich allein. Sie mag sich an andere Standards gebunden fühlen, an moralische oder an religiöse, aber relevant werden diese nur, wenn die Gemeinschaft darüber in einem demokratischen Verfahren entscheidet. Das demokratische Versprechen zieht selbst bestimmte Grenzen: Es verbietet Ausschluss **→27** oder Entmündigung **→15** seiner Mitglieder. Es gestattet nur egalitäre Verfahren der Entscheidung **→13**. Es gefährdet sich, wenn es keine Grenze zur Privatheit zieht **→24**. Es hat einen offenen Raum demokratischer Willensbildung zu respektieren **→47**. Es sollte Bereiche der Wissenserzeugung vor dem Zugriff demokratischer Politik sichern **→56**. All diese – durchaus umstrittenen – Grenzen folgen aus der Entscheidung für die Demokratie, sie sind ihr nicht von außen auferlegt. Sehen wir zu, ob sich andere Grenzen demokratischer Selbstbestimmung finden lassen. Machen wir uns aber zuvor deutlich, welche Konsequenz die verbreitete Rede von den »Grenzen der Demokratie« hat: Bedeutung bekommt sie nur als Rechtfertigung undemokratischer Entscheidungen.

94 **Die Angst vor der Tyrannei der Mehrheit ist in der Demokratie unbegründet.** In Gesellschaften mit totalitären Erfahrungen wie in Deutschland wird der Demokratie das Schlimmste zugetraut, nämlich dass Mehrheiten Minderheiten unterjochen könnten. Für eine Demokratie im hier verstandenen Sinn, für Ordnungen, die demokratische Gleichheit durch Rechtsform sichern, ist diese Annahme aber weder systematisch plausibel noch empirisch belegbar. Demokratien schützen die Rechte von Minderheiten besser als andere Ordnungen, und dies ist kein Zufall, wenn in der Demokratie – anders als in populistischen Autokratien **→43** – aus Minderheiten Mehrheiten werden können. Im Verfahren demokratischer Willensbildung fallen Minderheitenschutz und Mehrheitsermittlung zusammen. Menschenrechte werden verletzt, wo diese Chance fehlt. Wo auf der Welt finden sich unabhängige Gerichte in nichtdemokratischen Ordnungen?

95 Freiheitsrechte gehören zum Selbstschutz der Demokratie. Ohne individuelle Freiheit kann es keine demokratische Ordnung geben. Wir haben unser demokratisches Versprechen überhaupt nur geleistet, um unsere Individualität unter der Bedingung von Herrschaft bewahren zu können **→13**. Auch in der Demokratie pflegen wir die Intuition einer vordemokratischen, vorgesellschaftlichen Freiheit. An diese Grenze ist die Demokratie um ihrer selbst willen gebunden. Aber wie wir gesehen haben, gibt es ein Problem: Eine Grenze demokratischen Handelns, die Individualität respektiert, muss gezogen werden, aber diese Grenze kann nicht durch Einzelne gezogen werden. Wenn ich die Grenze meiner Freiheit alleine bestimmen kann, werde ich die anderen unterwerfen. Mit Kant: Die Reichweite meiner Rechte betrifft nicht nur mich, sondern potentiell alle, also müssen alle über sie entscheiden.[74] Wie die Meinungsfreiheit einer Zeitung im Verhältnis zum Persönlichkeitsschutz zu schützen ist, lässt sich nicht abstrakt aus der Anerkennung beider Rechte beantworten. Dies bedarf demokratischer Ausgestaltung. Daher müssen wir auch die Räume individueller Freiheit durch Gesetze demokratisch definieren und damit individuelle Freiheit ermöglichen – und zugleich bedrohen.

96 Verfassungen begründen Demokratie, sie begrenzen sie nicht nur. Verfassungen sind die praktisch-juristische Form des demokratischen Versprechens. Oft wird behauptet, die wichtigste Aufgabe von Verfassungen sei es, demokratische Politik zu begrenzen.[75] Aber zum einen kann es gar keine Demokratie ohne Verfassungsregeln geben. Demokratische Willensbildung ist nur in einem regelgebundenen Verfahren möglich, das die Chance zu gleicher Beteiligung aller garantiert. Zum anderen muss sich auch die Verfassung demokratisch ändern lassen können, damit sie

Anspruch auf Legitimation erheben kann: ohne Verfassungsrecht keine demokratische Herrschaft. Verfassungen verknüpfen Rechtsform und demokratische Willensbildung. Sie demokratisieren die Rechtsetzung und sie stellen formale Anforderungen an kollektive Willensäußerungen, die ihren Anspruch rechfertigen, demokratisch zu sein. In vielen Demokratien ist es schwieriger, die Verfassung zu ändern als andere Gesetze. Das macht die Verfassung nicht demokratischer als einfache Gesetze **→37**, aber es lässt sich dadurch rechtfertigen, dass ihre Regeln Demokratie erst ermöglichen.

97 **Grundrechte und Demokratie können praktisch kollidieren.** Demokratische Gesetze verletzen Grundrechte, Grundrechte engen den demokratischen Handlungsspielraum ein. In der Demokratie treten Freiheit durch demokratische Herrschaft und Freiheit vor demokratischer Herrschaft in permanente Konkurrenz, für die es keine allgemeingültige Lösung gibt **→23**. Zunächst einmal kann jeder tun, was er will, bevor der demokratische Gesetzgeber gehandelt hat.[76] Handelt der Gesetzgeber, so können Grundrechte dadurch verletzt werden. Wenn der Gesetzgeber eine Ausgangssperre erlässt oder eine Zeitung verbietet, gestaltet er Grundrechte nicht mehr aus, sondern schafft sie ab; doch ist diese Unterscheidung zwischen Abschaffung und Ausgestaltung nicht immer einfach zu treffen. Im Normalfall demokratischer Arbeitsteilung wird die Reichweite von Grundrechten, die Frage, was man mit seinem Eigentum tun darf, welche Meinungen einen anderen beleidigen oder wann eine Demonstration andere gewalttätig bedroht, trotzdem durch den Gesetzgeber entschieden. In Ordnungen mit einem Verfassungsgericht wird der Verstoß gegen Grundrechte in einem Verfahren sanktioniert. Dies kann die gegenteilige Gefahr erzeugen: eine zu starke Einengung demokratischer Entscheidungen durch Grundrechte.

98 **In der Institution des Verfassungsgerichts kristallisiert sich der Konflikt zwischen demokratischer Verfassung und demokratischem Gesetz.** Verfassungen ermöglichen Demokratie. Die Überwachung verfassungsrechtlicher Regeln erscheint besonders wichtig, wenn das Vertrauen in die Selbstkontrolle demokratischer Politik fehlt. Aus diesem Grund haben Länder mit einer totalitären oder kolonialen Erfahrung häufig starke Verfassungsgerichte: Deutschland, Indien, Italien, Polen, Südafrika. Aus demselben Grund haben alte Demokratien und parlamentarische Monarchien mit kontinuierlicher Tradition häufig gar keine oder keine starken Verfassungsgerichte: Großbritannien, Frankreich, die Niederlande und in gewisser Weise auch die USA.[77] Starke Verfassungsgerichte binden den demokratischen Prozess nicht nur hinsichtlich demokratischer Spielregeln, sie überprüfen auch alle anderen in der Verfassung festgelegten Regeln. Formell beziehen Verfassungsgerichte ihre Rechtfertigung aus den Verfassungen, die sie einrichten – aber dieser Hinweis beantwortet die Frage nach der Legitimation der Verfassungsgerichte nicht. Denn wenn ein politisch nicht verantwortliches Gericht demokratische Gesetze im Namen eines vieldeutigen Verfassungstextes aufhebt, sieht sich die demokratische Willensbildung auf einmal stark beschränkt. Dies geschieht nicht selten in Fällen, in denen die konkrete Auslegung der Verfassung unklar ist und neue politische Fragen auf den alten Verfassungstext treffen: Heirat für Homosexuelle, Grenzen der Sterbehilfe, neue Aufgaben der Bundeswehr. So ist es kein Zufall, dass Verfassungsgerichte viel näher an demokratischen Prozessen arbeiten als andere Gerichte. Sie werden in einem politischen Verfahren gewählt und als politisches Organ wahrgenommen. Wenn sich das Gericht den politischen Zusammenhängen seiner Fälle zu wenig öffnet, wirkt es rückständig oder unsensibel und wird so lange politisch unter Druck gesetzt, bis es nachgibt. So war es in den Vereinigten Staaten während des New Deal. Wenn das Gericht aber zu offen politisch argumentiert, wenn die Richterbank nur ein auf Lebenszeit gewähltes nicht öffentlich tagendes Miniaturparlament bildet, stellt sich die Frage, wofür man überhaupt eigene verfassungsrechtliche Maßstäbe braucht. Dies zeigt sich im Moment am U.S. Supreme Court, deutlich schwächer auch am Zweiten Senat des Bundesverfassungsgerichts, bei denen eine Art politischer Fraktionierung zu erkennen ist, in denen also politische Konflikte juristische Argumente zu überlagern drohen. Schlechte Verfassungsrechtler erkennt man daran, dass ihre politischen und weltanschaulichen Überzeugungen niemals mit dem in Konflikt geraten, was sie für den Inhalt der Verfassung halten. Um zwischen diesen Übeln hindurchzukommen, müssen Verfassungsgerichte stets über beides verfügen: juristisches Handwerk und demokratische Sensibilität.

99 **Das Bundesverfassungsgericht möchte kein Ersatzkaiser sein.** In Deutschland ist das Bundesverfassungsgericht beliebter als die anderen Verfassungsorgane, und dafür gibt es viele gute Gründe: Es handelt sich um eine Institution, die auch international als erfolgreich und vorbildlich angesehen wird. Aber der Verdacht liegt nahe, dass die Beliebtheit des Gerichts nicht nur mit seinen Leistungen, sondern auch mit einem bestimmten Verständnis von Politik zusammenhängt.[78] Die Mühen der Selbstbestimmung im Namen der Verfassung aufzugeben und sie stattdessen seriösen Vertretern von Recht und Gesetz anzuvertrauen ist eine große, gut nachvollziehbare institutionelle Versuchung. Man erspart sich die Zumutungen demokratischer Auseinandersetzung zugunsten des Konsenses über die in der Verfassung stehende Lösung. Das Erstaunen ist groß, wenn das Gericht einmal feststellt, dass sich demokratische Politik selbst um Lösungen zu kümmern hat.[79] Aber diese Feststellung schützt sowohl die Demokratie als auch das Gericht. Es ist nicht die Schuld des Gerichts, dass seine Beliebtheit nicht aus Liebe zur Demokratie resultiert.

100 **Menschenwürde steht im Einklang mit, nicht im Widerspruch zum demokratischen Versprechen.** Im Akt der Anerkennung als frei und gleich liegt das politische Versprechen individueller Würde: Menschenwürde folgt in unserer Lesart aus der wechselseitigen Anerkennung als vernünftige, zur Freiheit befähigte Wesen, die Gründe für ihre Handlungen angeben können **→15**. Im Unterschied zu einem moralischen Verständnis der Menschenwürde glauben wir nicht, dass sich der Schutz der Menschenwürde aus einer metaphysischen »Idee des Menschen« herleiten lässt. Schutz der Menschenwürde ist vielmehr Folge unseres demokratischen Selbstverständnisses.[80] Sie ist Konsequenz einer Entscheidung, die anders hätte getroffen werden können. Aber – das ist entscheidend – die Menschenwürde steht in keinem Widerspruch zur Demokratie, sondern wird mit ihr zugleich institutionalisiert: Das Versprechen der Anerkennung würde gebrochen, wenn wir andere auf ihre Körperlichkeit reduzieren würden. Das entspricht den Inhalten, die wir mit der Menschenwürde in Verbindung bringen: Das Verbot, jemanden zu foltern, ist Ausdruck seiner Anerkennung als vernunftbegabtes Wesen. Denn die Folter reduziert den Gefolterten auf körperliche Reflexe, sie schließt aus, dass er eine Entscheidung treffen kann. Die Reduktion auf Körperlichkeit schließt auch aus, dass wir einen anderen verhungern lassen oder ihn vollständig entmündigen.

101 **Warum sprechen wir von Menschenwürde, nicht von Bürgerwürde, wenn wir Menschenwürde aus dem demokratischen Versprechen heraus begründen?** Das demokratische Versprechen betrifft nur die Mitglieder einer demokratischen Ordnung. Wir sind es aber gewohnt, allen Menschen, auch denen, die nicht der demokratischen Ordnung zugehörig sind, Menschenwürde einzuräumen. Tatsächlich werden in allen demokratischen Verfassungsstaaten Menschen vor bestimmten Formen des Missbrauchs geschützt, auch wenn sie nicht Staatsbürger sind. Das scheint zu einer demokratischen Herleitung der Menschenwürde nicht zu passen. Dieser Widerspruch erklärt sich durch die Aufnahmebereitschaft demokratischer Ordnungen. Mit dem demokratischen Versprechen schließen wir den Kreis der Zugehörigen nicht endgültig ab. Demokratien können den Kreis ihrer Mitglieder erweitern **→26**. Mitglieder der Ordnung können aber nur Wesen werden, die in der Lage sind, an demokratischer Selbstbestimmung teilzunehmen. Die Menschenwürde definiert durch die Anknüpfung an die Gattung Mensch den Kreis der Wesen, die in die demokratische Gemeinschaft aufgenommen werden können, und schützt die elementaren Fähigkeiten, die zu dieser Mitgliedschaft erforderlich sein werden. Sie bringt den Respekt vor tatsächlichen und vor möglichen Mitgliedern zum Ausdruck. Trotzdem lassen sich Schutz der Menschenwürde und Demokratie ohnehin kaum trennen. Auf einen wirksamen Schutz ihrer Rechte können heute nur Menschen hoffen, die, auch wenn sie keinen Bürgerstatus haben, im Herrschaftsbereich eines demokratischen Staates leben **→144**. Nur als Teil einer politischen Gemeinschaft – dies ist Hannah Arendts gültige Einsicht[81] – haben wir gute Aussichten auf den Schutz unserer elementaren Rechte.

102 **Vor dem Verlust des eigenen Lebens schützt das demokratische Versprechen nicht.** Das Risiko, sein Leben durch private oder staatliche Gewalt zu verlieren, ist in einer demokratischen Ordnung vermutlich geringer als in einer Anarchie oder einer Diktatur. Aber eine demokratische Ordnung verpflichtet sich nicht darauf, gewaltsame Tode auszuschließen. Sogar *durch* eine demokratische Entscheidung können wir sterben: durch eine Polizeiaktion oder im Militärdienst. Es mag gute politische oder moralische Gründe geben, staatliche Tötungen in jedem Fall zu missbilligen. Wir können versuchen, dagegen demokratische Mehrheiten oder verfassungsrechtliche Argumente zu mobilisieren. Aber das demokratische Versprechen selbst schließt diese Möglichkeit nicht aus. Wenn die Abgrenzung von Rechtssphären die zentrale Aufgabe demokratischer Herrschaft ist, kann die Ordnung jedenfalls dann Tötung nicht ausschließen, wenn es um die Rettung anderer Leben geht. Menschenwürde schützt die Fähigkeit, Entscheidungen zu treffen, also die Bedingung unserer Freiheit. In Situationen, in denen ein der demokratischen Gemeinschaft Zugehöriger in einer freien Entscheidung Todesgefahr auf sich genommen oder für andere verursacht hat, wird seine Würde – so hart es ist – nicht dadurch berührt, dass er umkommt. Demokratische Ordnungen schließen die Tötung ihrer Mitglieder nicht von vornherein aus.

103 **Sicherheit und Freiheit lassen sich in der Demokratie nicht gegeneinander abwägen.** Diese Vorstellung einer Abwägung zwischen Sicherheit und Freiheit, verbreitet nach dem 11. September 2001, beruht auf einer Kategorienverwechslung. Denn die Demokratie sucht Unfreiheit auszuschließen, Unsicherheit aber bleibt ihr ein notwendiges Element. Freiheit gibt es nur innerhalb eines gewissen Grades an Unsicherheit. Wenn wir bestimmte Unsicherheiten, etwa Bedrohungen für das eigene Leben, nicht mehr ertragen wollen, können wir demokratisch entscheiden, was wir tun. Aber diese Entscheidung beruht nicht auf einer Abwägung zwischen Sicherheit und Freiheit, sondern auf einer Abwägung zwischen verschiedenen Arten, ein freies Leben zu führen. Wir aber werden Sicherheit nicht als Selbstzweck anstreben, sondern als ein Mittel, um unsere Freiheit zu ermöglichen.

Wir beschränken Freiheiten um anderer Freiheiten, nicht um der Sicherheit willen. Diese Unterscheidung ist keine Wortklauberei. Eine Gesellschaft, die es für selbstverständlich hält, Risiko und Unfreiheit auf eine Stufe zu stellen, zeigt ihr Fehlen an demokratischem Selbstverständnis. Das gilt für das Risiko der Armut genauso wie für das Risiko, einem Anschlag zum Opfer zu fallen. Größte Sicherheit über das, was kommen wird, haben die Insassen eines Gefängnisses. Sicherheit und Freiheit stehen in der Demokratie nicht auf derselben Stufe der Wertigkeit. Sicherheit ist keine Grenze der Demokratie, sondern allenfalls ein Mittel, um Freiheit zu ermöglichen.

104 Es gibt keinen Vorrang »der Ordnung« vor der Demokratie. Wer sich an Leib und Leben bedroht fühlt, wird einer undemokratischen Ordnung den Vorzug vor der Anarchie geben.[82] Aber was folgt aus dieser Feststellung? Sicher keine Rechtfertigung autoritärer Ordnungen. Aus ihr folgt weder ein Vorrang von Ordnung vor Demokratie noch die Annahme, die Errichtung eines Gewaltmonopols, die Etablierung einer durchsetzungsmächtigen Autorität, sei einfach Selbstzweck. Auch eine Demokratie ist nur als Ordnung denkbar. Einen demokratischen Willen gibt es überhaupt nur unter der Bedingung durchsetzbarer Regeln **→35**. Der Vergleich zwischen Anarchie und Ordnung kann der Demokratie also nichts anhaben. Der Vergleich zwischen Demokratie und autoritärer Ordnung aber auch nicht. Denn nicht nur sind Demokratien im Schnitt nicht weniger stabil als autoritäre Ordnungen. Vor allem ist die Ordnung kein Selbstzweck, der eine autoritäre Struktur rechtfertigt. Jede politische Ordnung muss gegenüber jemandem durchgesetzt werden, sie ist keine spontan entstandene Ruhezone – auch nicht in der Demokratie. In undemokratischen Ordnungen aber ist diese Durchsetzung Unrecht, das der Ordnung selbst ihre Legitimation nimmt. Den Profiteuren autoritärer Ordnung stehen seine Opfer gegenüber: die einen können die anderen nicht rechtfertigen. Die Idee einer »Ordnung« als solcher kann demokratische Entscheidungen also nicht legitim begrenzen.

105 Es gibt keinen Vorrang der Wohlfahrt vor der Demokratie. Wer hungert, kann sich nicht selbst bestimmen. Sollte soziale

Wohlfahrt deswegen nicht etwas Fundamentaleres darstellen als Demokratie? Kommen vor aller Selbstbestimmung nicht deren materielle und soziale Grundlagen? Das hängt davon ab, was wir unter »davor« verstehen. Faktisch-praktisch kann niemand politisch mitentscheiden, ohne körperlich und geistig dazu in der Lage zu sein. Aber was folgt aus dieser Einsicht? Folgt aus ihr die Zulässigkeit einer undemokratischen, aber sozial effizienten Ordnung, die erst einmal alle Menschen versorgt, damit diese in die Lage kommen, sich später selbst bestimmen zu können? Nehmen wir an, China sei ein Staat, in dem erst gewisse materielle Grundvoraussetzungen garantiert werden müssten, bevor er demokratisch werden könnte, andernfalls würde Anarchie ausbrechen. Praktisch könnte diese Annahme stimmen, auch wenn die Drohung mit Anarchie ein klassisches autoritäres Argument ist. Eine Legitimation für die Niederschlagung von demokratischer Opposition wäre dies aber nicht. Warum sollte die ungewisse Aussicht auf Anarchie die Gewissheit der Unterdrückung rechtfertigen? Undemokratische Ordnungen verweigern ihrer Bevölkerung auch dann die Anerkennung freier Gleichheit, wenn sie sie materiell versorgen.[83]

106 **Ziviler Ungehorsam kann eine populistische Tugend sein, sie bleibt ein demokratisches Laster.** Thomas Jefferson hielt eine kleine Rebellion hin und wieder für demokratisch gesund.[84] Das bedeutet aber nicht, dass er die Rebellen unbestraft hätte laufen lassen wollen. Widerstand kann eine Form sein, die demokratische Willensbildung weiterzubringen, so sah es Jefferson, so sah es Rawls.[85] Aber das Risiko, Politik außerhalb der Legalität zu betreiben, trägt der Widerständler, nicht die demokratische Gesellschaft, die sich die Regeln gegeben hat, die dieser – vielleicht aus gutem Grund – bricht. Wer gegen demokratische Gesetze zum Widerstand aufruft, bricht die Gleichheit der demokratischen Gemeinschaft. Er gibt seinem Anliegen mehr Gewicht als dem der anderen – ein typisches Intellektuellenphänomen. Aber von Widerstand kann nur sprechen, wer das Risiko auf sich nehmen will, Recht zu brechen und dafür zur Rechenschaft gezogen zu werden. Sich in großer Geste an einen Zaun zu ketten, um dann wegen einer Geldstrafe vor ein Verfassungsgericht zu ziehen, ist im übrigen nicht sonderlich heroisch.

107 In der Demokratie gibt es keinen übergesetzlichen Notstand. Der gleiche Gedanke gilt für Beamte im Notstand: Wenn eine Beamtin in einer Notsituation Gesetze bricht, um ein Unglück zu verhindern, sind wiederum Tugenden und Regeln nicht zu verwechseln. Die gute Beamtin hat die Gesetze gebrochen, deswegen mag sie eine Heldin wie eine Verbrecherin sein – aber das ändert nichts daran, dass die Gesetze für sie gelten und sie entsprechend sanktioniert werden kann. Die Berufung auf übergesetzlichen Notstand durch demokratische Amtsträger ist ein rhetorischer Staatsstreich, der hoffentlich keinen wirklichen vorbereitet.

108 Sich selbst abschaffen darf eine Demokratie nur, wenn sie dabei niemanden unterwirft. Freiwillig auseinandergehen von einer Insel, so eine Formulierung bei Kant, dürfen die Mitglieder einer demokratischen Gemeinschaft jederzeit.[86] Das ist freilich eine unwahrscheinliche Konstellation. Die Abschaffung demokratischer Ordnung wird selten ohne Ausschluss und Unterwerfung bestimmter Mitglieder erfolgen. Das demokratische Versprechen verbietet nicht die Beendigung demokratischer Herrschaft, aber sehr wohl die Einführung einer undemokratischen Ordnung.

109 Die Grenzen der Demokratie ergeben sich nur aus ihr selbst. Demokratien müssen auf sich achten. Dazu gehört die Einhaltung des demokratischen Versprechens ebenso wie die Beachtung kluger Beschränkungen. Aber dazu gehören keine übergeordneten Prinzipien, die es gestatten würden, in eine Demokratie undemokratische Entscheidungsformen einzubeziehen.

Demokratie jenseits des Staats

110 Demokratie ist nicht auf Staaten beschränkt. Jede Gruppe kann ihre Angelegenheiten unter den Bedingungen gleicher Freiheit organisieren und sich damit demokratisch organisieren. Trotzdem halten viele Theoretiker den Staat für den einzig möglichen Ort der Demokratie. Verliere der Staat seine Funktion, so gehe es auch mit der Demokratie zu Ende.[87] Die Gleichsetzung von Staat und Demokratie verdankt ihre Überzeugungskraft historischer Erfahrung, nicht systematischen Überlegungen. Die Geburt der modernen Demokratie verbinden wir mit der amerikanischen und der französischen Revolution. Der Gedankenwelt dieser Ereignisse entstammen die heute maßgeblichen Texte zur Demokratie: von Kant und Rousseau bis zu den *Federalist Papers*. Unsere heutigen Erfahrungen mit Demokratie beschränken sich auf Staaten: Staaten üben die entscheidende politische Gewalt auf Territorien aus. Staaten definieren die Maßstäbe, innerhalb derer sich weitere Gruppen demokratisch organisieren können. Staaten verfügen häufig über starke demokratische Identitäten. Für die weitere Entwicklung der Demokratie sind dies bedeutende, aber nicht zwingende Faktoren. Sie sprechen dafür, dass Staaten die wichtigsten Träger der Demokratie bleiben, aber nicht dagegen, dass es auch Demokratie in anderen politischen Organisationen geben kann. Nationale Demokratien werden in der Internationalisierung der Welt nicht verschwinden. Vielmehr könnten sich verschiedene Ebenen demokratischer Selbstbestimmung miteinander verbinden und Schichten egalitärer Entscheidungsgemeinschaften bilden, die politische Widersprüche zwischen sich in beweglichen Entscheidungsarrangements aufheben.

111 Nicht alle Probleme der Internationalisierung sind Probleme der Demokratie. Viele Probleme der Internationalisierung sind nicht mit Mitteln der Demokratie zu lösen. Es kann sogar gefährlich sein, demokratische Maßstäbe an Institutionen heranzutragen, die mangels der Ausübung von Herrschaft gar keiner demokratischen Legitimation bedürfen. Denn nicht selten scheinen sich dann nicht die Institutionen anzupassen, sondern unsere Maßstäbe der Demokratie **→148**.

112 **Die einfachste Form einer demokratischen Welt bestünde in der Demokratisierung aller Staaten.** Das Problem einer internationalen demokratischen Ordnung beginnt innerhalb der Staaten: Viele Staaten sind nicht demokratisch organisiert. Ihr Handeln mag man aus vielen Gründen politisch respektieren, aber jede internationale Vereinbarung, die mit diesen Staaten abgeschlossen wird, ist ihrerseits nicht demokratisch legitimiert. Die friedliche Förderung von Demokratie dürfte einer demokratischen Weltgemeinschaft mehr bringen als die Errichtung neuer Organisationen.

113 **Vorbild für übernationale Demokratien sind demokratische Föderationen.** Föderale Ordnungen sind ein Labor für Formen der Demokratie jenseits des Staates. In engeren und loseren Föderationen lernen wir, wie unterschiedliche demokratische Identitäten miteinander umgehen und sich organisieren. In ihnen finden sich viele gängige Vorstellungen von demokratischer Homogenität und Identität **→60** nicht bestätigt: Manche föderalen Ordnungen haben keine eigene Amtssprache wie Indien oder verschiedene wie Belgien, Kanada und die Schweiz. Die Europäische Union ist eine Föderation, die in vielem den Frühformen solcher föderaler Staaten ähnelt.[88] Föderationen passten nie ganz in die Vorstellung des kompakten, homogenen, mit Gewaltmonopol ausgestatteten Nationalstaats – und doch sind sie zumeist demokratisch organisiert.

114 **An Föderationen erkennt man die Zählebigkeit überkommener demokratischer Identitäten.** Demokratische Föderationen wie Deutschland, die Schweiz und die Vereinigten Staaten fanden ihre Form erst im Anschluss an einen Krieg, in dem sie die amerikanischen Südstaaten, Österreich oder die katholischen Kantone aus der neuen Ordnung hinaus- oder in sie hineinzwangen. Jugoslawien explodierte nach 1989. Alte politische Identitäten wurden dort nach der Föderalisierung nicht vergessen. Sie wurden durch die Einbindung in eine föderale Struktur eher radikalisiert und gewannen eine Stärke, die zum Bürgerkrieg führte. Jenseits der Besonderheiten des Balkans wird in Ländern wie Belgien, Kanada und Spanien über Dezentralisierung oder Separation ernsthaft gestritten. Hier ist gut zu erkennen, welche Probleme föderale Ordnungen auch *erzeugen* können, wenn sie ihre Glieder zu stark binden. Ihre Entwicklung kann als Warnung davor dienen, die europäische Integration als einen selbstverständlich immer intensiver werdenden Prozess zu verstehen. Zu enge Bindungen können den demokratischen Diskurs radikalisieren. Institutionelle Beweglichkeit ist auch hier essentiell. Für einen gesteigerten Bedarf an zentraler einheitlicher Regelung wäre ebenso vorzusorgen wie für Dezentralisierung oder friedliche Selbstauflösung.

115 Mehrheit und Minderheit sind in demokratischen Föderationen nicht eindeutig zu bestimmen. Nehmen wir an, eine Föderation bestünde aus fünf Gliedstaaten, von denen drei nur ein knappes Drittel der Gesamtbevölkerung stellen. Welches wären demokratische Entscheidungsregeln für diese Föderation? Dürfte die Mehrheit der föderalen Bevölkerung alles, dann könnten Mehrheiten in zwei Staaten die anderen drei Staaten per Mehrheitsentscheidung auflösen. Der Gedanke der föderalen Gliederung und damit die demokratische Selbstbestimmung der Gliedstaaten würde negiert. Die demokratische Selbstbestimmungsgemeinschaft des Gliedstaats wäre nur noch eine kleine Minderheit innerhalb der Gesamtdemokratie. Es bedürfte keiner Föderation mehr. Dürften aber nur Entscheidungen im Konsens der fünf Mitgliedstaaten fallen, so könnte man auf der oberen Ebene nicht von einer selbständigen demokratischen Einheit sprechen. Es gäbe dort keine eigene politische Willensbildung. Zwischen diesen Polen müssen sich alle Entscheidungsregeln in einer Föderation bewegen. Sie lassen sich nicht in gleicher Weise nach den Grundsätzen demokratischer Gleichheit gestalten, weil es zwei demokratische Ebenen mit je eigener Gleichheit gibt: die Gleichheit der demokratisch organisierten Glieder und die Gleichheit aller Bürger der Föderation. Alle Entscheidungsregeln in der Föderation sind ein Kompromiss zwischen diesen beiden Formen der Gleichheit: Je mehr die obere Ebene als gemeinsame Entscheidungseinheit wahrgenommen wird, desto eher wird man selbständige Mehrheitsregeln auf der oberen Ebene einrichten – und umgekehrt. Die Konsensregel, in der keine gemeinsame Entscheidung gegen den Willen eines einzigen Staates getroffen werden kann, ist keineswegs die günstigste Regel für die Selbstbestimmung. Wie zwischen Individuen **→37** gilt auch zwischen Staaten: Wenn gemeinsames Handeln Gewinne an Selbstbestimmung bringt, bietet die Möglichkeit, überstimmt zu werden, auch die Möglichkeit, zu überstimmen.

116 Das institutionelle Problem demokratischer Politik in Deutschland sitzt im Bundesrat. Weil der Bundesrat allen wichtigen Gesetzen des Bundestages zustimmen muss, regieren wir uns so oder so in einer nicht endenden großen Koalition. Die Möglichkeit zu politischer Veränderung wird stark beschränkt, ohne dass es einen Ausgleich etwa durch Volksabstimmungen gäbe. Entscheidungen fallen in Vermittlungsgremien. In Bundesstaaten ist die Herrschaft der einfachen Parlamentsmehrheit nicht zwingend ein demokratisches Ideal **→115**. Die Beteiligung der Länder ist schon deshalb nötig, weil die Länderverwaltungen die Gesetze des Bundes vollziehen. Aber die gewaltige Rolle des Bundesrates rechtfertigt all das nicht: Er ist zu einem nichtöffentlichen Bundesgesetzgeber geworden, dessen Mitglieder für Landespolitik gewählt wurden. Er sucht nach Einfluss auf die Bundespolitik, ohne für diese demokratisch verantwortlich zu sein. Er schafft weder in den Ländern noch im Bund mehr Demokratie, weil in ihm Herrschaft für eine Ebene von denen ausgeübt wird, die für eine andere Ebene gewählt wurden.

117 Kompetenzregeln können die demokratische Dynamik der Föderation nicht aufhalten. Gerichte spielen in Föderationen eine besondere Rolle. Gerichte sind jene unabhängige Stelle, die die Entscheidungsregeln zwischen Bund und Gliedern auslegt. Deswegen sind Verfassungsgerichte in föderalen Ordnungen häufig wichtiger als in Zentralstaaten.[89] Aber die politische Dynamik zwischen den föderalen Ebenen lässt sich aller Erfahrung nach nicht völlig durch geschriebene Kompetenzregeln einfangen. Die Auslegung von Zuständigkeitsregeln durch Gerichte unterliegt einem starken gesellschaftlichen Veränderungsdruck. Dies hängt auch damit zusammen, dass die Entscheidung, welche Ebene etwas regeln soll, nicht von der politischen Frage zu trennen ist, was geregelt werden soll. In den USA ist der Konflikt darüber, ob der Bund Waffenkontrollen einführen darf, kaum von der politisch umstrittenen Frage zu trennen, ob Waffen überhaupt kontrolliert werden sollen.[90] Ein ausgebauter Sozialstaat zieht stets Zentralisierung nach sich. Politischer Veränderungsdruck kann an verschiedenen Teilen einer föderalen Ordnung zum Vorschein kommen. Wenn wie in Deutschland die Verfassung leicht zu ändern ist, wird diese Möglichkeit wahrgenommen. Umgekehrt können die Gerichte dann die leicht zu ändernden Regeln strenger auslegen, ohne die Verhältnisse zu versteinern. Die amerikanische Verfassung und die europäischen Verträge lassen sich wesentlich weniger leicht ändern. Der Veränderungsdruck verschiebt sich auf die Auslegung der bestehenden Regeln, die Gerichte sind bei ihrer Auslegung offener für die politische Diskussion.[91] Aus diesem Grund lässt sich das Modell des deutschen Grundgesetzes, Kompetenznormen festzuschreiben, nicht einfach auf die EU übertragen.

118 **In einer demokratischen Föderation gibt es keinen Souverän.** In der Diskussion über die europäische Integration wird oft die Frage nach der Letztentscheidung innerhalb des Systems gestellt. Wer ist der Souverän? Haben die Mitgliedstaaten oder die europäische Ebene, der Europäische Gerichtshof oder die nationalen Verfassungsgerichte das letzte Wort? Wie auch immer die Antwort lautet, letzte Worte fallen selten und sie lassen sich, wenn sie fallen, kaum von den bestehenden Regeln irritieren. Wen interessiert heute noch, ob die Auflösung Jugoslawiens nach damaligem Recht legal war? Die institutionelle Pointe einer Föderation besteht gerade darin, dass in ihr die Frage nach der letzten Entscheidung offenbleibt und die Frage, wer was zu entscheiden hat, permanenter Aushandlung bedarf.[92] Für die EU mag man behaupten, die Mitgliedstaaten hätten das letzte Wort, weil sie die Union verlassen können. Wollen sie dies tun, dürften sie die

Regeln kaum aufhalten. Solange sie es nicht tun, handeln sie aber nach Regeln, in denen es ein definiertes letztes Wort nicht gibt. In Verfahren mit vielen Beteiligten ist die Frage nach dem letzten Wort falsch gestellt. Sie vereinfacht unzulässig und dient politischer Polemik eher als der Analyse demokratischer Entscheidungsverfahren.

119 Föderationen entstehen über gemeinsame Märkte. Föderationen beginnen in der Regel mit der Eröffnung eines Wirtschaftsraums, eines Marktes, innerhalb dessen alle das Recht haben, zu handeln und zu wandeln. In gemeinsamen Märkten dürfen Produkte und Personen aus einem Teil der Föderation nicht von den anderen Teilen wegen ihrer Herkunft diskriminiert werden. Der Beitritt zum gemeinsamen Markt vergrößert die Freiheit der Marktteilnehmer über die Grenzen der jeweiligen Demokratie hinweg. Aber diese Freiheit hat Folgen: Die Marktöffnung wirkt zurück auf die Umwelt, die Lohnentwicklung, auf die Frage, was der Staat regeln darf und was nicht. Diese Folgen müssen auf Dauer über die Grenzen der Glieder hinweg geregelt werden, soll der Markt offen bleiben und nicht an unterschiedlichen Standards von Umweltschutz oder Produktsicherheit scheitern. So bauen gemeinsame Märkte nicht nur alte Grenzregeln ab, sie provozieren auch neue Regeln.

120 Unsere individuelle Freiheit können wir über Grenzen mitnehmen, unser demokratisches Selbstbestimmungsrecht nicht. Das ist in einem Satz das Legitimationsproblem der Globalisierung. Wenn die Teilnehmer an einem gemeinsamen Markt das Recht haben, über Grenzen hinweg diskriminierungsfrei zu handeln und zu wandeln, dann bekommen föderale Gerichte **→117** oder Welthandelstribunale **→138** eine herausgehobene Bedeutung. Sie wachen über die Freiheit an den Grenzen, sie heben demokratische Regeln auf, wenn diese den Markt beschränken, und begrenzen dadurch die Handlungsspielräume der beteiligten Demokratien: Diese können keine eigenen Umweltstandards mehr erlassen. Einem Mehr an transnationaler Freiheit der Individuen steht ein Weniger an demokratischer Gestaltungsmöglichkeit gegenüber. Demokratische Entscheidungen stehen als potentielle

Verzerrung des gemeinsamen Marktes unter Verdacht. Zugleich fehlt es an demokratischen Mechanismen für den gesamten Marktraum. Gerichte, die die Einhaltung internationaler Regeln überwachen, kann man sofort einrichten. Demokratische Mechanismen, die diese Regeln anpassen, setzen demokratische Identitäten voraus, die sich nicht durch Recht fabrizieren lassen. Stattdessen treffen Regierungen im Konsens in einem demokratisch nicht befriedigenden Verfahren Vereinbarungen →**131**. Durch die Öffnung von Grenzen schafft die Internationalisierung individuelle Freiheitsgewinne. Aber diese Gewinne begünstigen mobile Individuen, sie werden nicht durch einen demokratischen Gegenprozess aufgefangen. Transnationale Freiheiten werden in der Regel von privilegierten Individuen und Unternehmen wahrgenommen.[93] Auch in nationalen Ordnungen sind individuelle Freiheiten nur für die nützlich, die etwas mitbringen: kein Eigentumsschutz ohne Eigentum, keine Berufsfreiheit ohne Beruf, keine Meinungsfreiheit ohne Meinung und die Fähigkeit, sie zu äußern. Aber in nationalen Demokratien werden diesen Freiheiten durch Mehrheiten Grenzen gesetzt, die Benachteiligte schützen.

121 Demokratische Föderationen heben Unterschiede auf – als Emanzipation und als Nivellierung. Ist es ein Zufall, dass die Befreiung der Sklaven in den USA, die Aufhebung von diskriminierenden Handelsbeschränkungen oder die Gleichstellung der Frau in der europäischen Arbeitswelt jeweils von der höheren politischen Ebene innerhalb einer demokratischen Föderation durchgesetzt wurde? Innerhalb einer Föderation müssen sich die Glieder für alle Unterscheidungen rechtfertigen, die die Einheit der Föderation in Frage stellen. Aus der Distanz der höheren Ebene prüfen Föderationen Regelungen der Glieder auf diskriminierende Wirkungen. Dies gilt zunächst für den Austausch von Personen und Waren. Doch ist die Beschränkung auf Wirtschaftliches schwer einzugrenzen. Wenn in Deutschland Frauen am Arbeitsplatz schlechter behandelt oder Angehörige einer bestimmten Ethnie diskriminiert werden, dann ist dies für die europäische Gesamtordnung ein Problem – und zwar nicht aus moralischen Gründen, sondern weil dadurch die Möglichkeiten des wirtschaftlichen Austauschs beschränkt werden. Jede Diskriminierung ist auch eine Verzerrung des Marktes, weil sie andere als ökonomische Kriterien anwendet. Der gemeinsame Markt zwingt zur Aufhebung von Diskriminierungen. Das klingt wie ein pauschales politisches Argument zugunsten gemeinsamer Märkte, ist aber keines. Denn diese emanzipierenden Wirkungen werden stets mit Eingriffen in die demokratische Selbstbestimmung erkauft. Dies mag in manchen Fällen gleichgültig sein, weil das Ergebnis so eindeutig richtig ist: Sklaverei ist aus der Perspektive der Demokratie in jedem Fall unzulässig **→17**. Aber schon bei der Geschlechterdiskriminierung enthebt die Tatsache, dass sie verwerflich ist, nicht von der Notwendigkeit, über die Frage, wie sie zu bekämpfen ist, demokratisch zu entscheiden.

122 **Man kann von einer europäischen Demokratie auch ohne Annahme eines europäischen Volkes sprechen.** »Es gibt kein europäisches Volk, also kann es in Europa auch keine Demokratie geben.« [94] Diesem Satz liegt das Missverständnis zugrunde, in der Demokratie müsse es erst ein kollektives Subjekt geben, das abgebildet werden könne. Es verhält sich wie gezeigt umgekehrt **→31**. Nur egalitäre Mechanismen bringen einen demokratischen Willen hervor. Diese Feststellung darf freilich nicht zum ebenso falschen Gegenschluss verleiten: Aus der Einrichtung egalitärer Verfahren entsteht nicht notwendig demokratische Willensbildung. Die Einrichtung demokratischer Entscheidungsverfahren *kann*, muss aber nicht dazu führen, dass eine demokratische Willensbewegung entsteht. Wir können Wahlen ausrufen, zu denen niemand geht, Abstimmungen abhalten, die keinen interessieren, oder, wie im Fall des Europäischen Parlaments, eine Institution schaffen, die erst langsam eine eigene Willensbildung entwickelt **→125**. Zudem sollte demokratische Legitimation nur Organen gegeben werden, die die Möglichkeit haben, zu handeln **→74**. Solange demokratische Institutionen nicht als Institutionen wahrgenommen werden, deren Entscheidungen Relevanz für die Mitglieder der Ordnung haben, entsteht um sie herum keine demokratische Willensbildung. Aber dabei geht es um graduelle Prozesse, die sich durch institutionelle Angebote entwickeln lassen können; es geht nicht um die absolute Unterscheidung zwischen Volk und Nicht-Volk.

123 **Die demokratische Legitimation Europas war wenig dringlich, solange der gemeinsame Markt nur Freiheiten zu verteilen schien.** Viele Rechte, die wir zunächst innerhalb unserer Staaten hatten, erhielten wir durch die europäische Integration auch grenzüberschreitend. Rechte auf Aufenthalt, Unternehmensgründung oder Arbeit im europäischen Ausland. Das schien so wenig der Legitimation zu bedürfen wie das Verteilen von Geld an die Landwirtschaft. Nur langsam wurde deutlich, dass es keine Freiheitsverteilung ohne Freiheitsbeschränkung gibt: Wenn Länder wechselseitig ihre Grenzen öffnen, müssen sie die Folgen dieser Öffnung einheitlich regeln **→119**. So entstand das Bedürfnis nach einheitlicher Regulierung, beispielsweise des Umweltschutzes, später auch der inneren Sicherheit, die die Offenheit der Grenzen kompensieren soll. So wurde – spätestens seit dem Vertrag von Maastricht – deutlich, dass die europäische Integration nicht nur Freiheiten austeilt, sondern auch umverteilt und verkürzt, also in jedem Sinne Herrschaft ausübt – und daher eigener demokratischer Legitimation bedarf.

124 **Die demokratische Legitimation unserer Minister in Brüssel kann die europäische Integration nicht mehr allein rechtfertigen.** Wir kennen in der EU fast nur unsere eigenen nationalen Politiker. Sie sind demokratisch legitimiert, uns in Europa zu vertreten. Warum genügt dies nicht, um die Europäische Union zu legitimieren? Die demokratische Legitimation von Außenpolitik, auch von europäischer Außenpolitik, ist stets problematisch **→130**. Zudem ist die EU eine ganz besondere Organisation: Sie regelt nicht nur einzelne Sachgebiete, sondern verfügt über umfassende politische Zuständigkeiten – und sie kann ohne Vermittlung ihrer Mitgliedstaaten für uns Rechte und Pflichten begründen. Alles drei unterscheidet sie von allen anderen übernationalen Organisationen, die durch die Mitgliedstaaten legitimiert sind **→134**. Die EU ist keine spezialisierte Organisation, die ein einzelnes Sachproblem durch bestimmte Maßnahmen löst, die ihre Mitgliedstaaten im Zweifelsfall noch aufhalten können. Sie hat umfassende Kompetenzen, vom Umweltschutz über die innere Sicherheit bis zum Wirtschaftsrecht. Woran fehlt es, wenn unsere Minister in Europa entscheiden?[95]

Drei Defizite lassen sich benennen: *Kein europäisches Gemeinwohl:* Kompromisse zwischen Staatenvertretern erzeugen keine Ergebnisse, die im gleichmäßigen Interesse aller Europäer sind. Vertreter der Staaten vertreten die Interessen ihres Staates, nicht die Interessen der EU im Ganzen. Hier besteht ein Unterschied zu einem System wie dem parlamentarischen, in dem jeder Abgeordnete das Interesse aller, nicht nur das Interesse seines Wahlkreises vertreten muss. Wenn sich ein paar große Mitgliedstaaten auf Ausnahmen bei Subventionen einigen, so ist damit der gesamte Markt gestört – auch wenn es in allen drei Ländern wie ein gutes Geschäft aussieht. *Keine Öffentlichkeit:* Der Ministerrat entscheidet im Ergebnis wie ein Gesetzgeber, doch ohne jede Öffentlichkeit seiner Diskussionen. *Kein nachvollziehbarer Ausgleich zwischen Sachinteressen:* Der Ministerrat besteht aus vielen Einzelministerräten, die sich nur für ihr eigenes Ressort interessieren. Widersprüche zwischen Umweltministern und Wirtschaftsministern werden nicht abgeglichen, beide regeln vor sich hin. Der europäische Gesetzgeber besteht also aus Mitgliedern, die ohne Transparenz im Interesse des eigenen Landes und des eigenen Ressorts handeln.

125 Am Europäischen Parlament erkennen wir, wie – und wie langsam – demokratische Willensbildung entsteht. Die Willensbildung des Europäischen Parlaments bildete lange Zeit nur die nationale Herkunft der Abgeordneten ab. Es gab keinen politischen Konflikt zwischen einem europäischen Rechts und Links, sondern nur zwischen Engländern und Deutschen, den man besser zwischen den Regierungen aushandeln konnte. Erst wenn politische Organe jenseits des Staats eigene politische Gegensätze entwickeln und ihre nationalen Identitäten hinter sich lassen, gesellt sich zur demokratischen Form ihrer Wahl auch eine demokratische Identität, die es erlaubt, sie als *europäisch* demokratische Organe zu verstehen. Zugespitzt: Erst als portugiesische Abgeordnete bereit waren, gegen einen portugiesischen Kommissionspräsidenten zu stimmen, gab es im Parlament auch europäische Politik. Es ist wiederum die Gemeinsamkeit im Widerspruch **→67**, die demokratische Identität ermöglicht. Je mehr dies gelingt, desto überzeugender ist es, das Parlament konsequent nach dem Maßstab demokratischer Gleichheit aller europäischen Wähler ohne nationalen Proporz zu besetzen.

126 Der Europäischen Kommission bleibt die Demokratie fremd. Die Kommission war als eine Behörde von Experten angelegt, die die wirtschaftspolitischen Ziele der europäischen Integration kompetent verwirklichen sollte. Je mehr Aufgaben Europa bekam, desto politischer wurden ihre Entscheidungen: Es ging nicht mehr um die technische Ausgestaltung des Ziels, die Überproduktion von Milch zu begrenzen, sondern um die Entscheidung zwischen politisch umstrittenen Alternativen. Heute gehört der Kommissionspräsident dem politischen Lager der größten Fraktion des Parlaments an. Doch der Kommission fällt der Umgang mit der Demokratie weiterhin schwer. Sie wird von den nationalen Regierungen bestellt, sie soll ein neutraler Verwalter der europäischen Integration sein und doch weitreichende Entscheidungen treffen. Sie macht unpolitische Politik und bietet als Ersatz für Demokratie verwaltungstechnische Programme für neues Regieren und »Governance« an.[96] Sie gilt als besonders anfällig für private Lobbies, eben weil sie unabhängig, also nur beschränkt politisch verantwortlich ist. Ihr Legitimationsmangel lässt sich mit gutem Willen nicht lösen. Die Kommission befindet sich irgendwo im Übergang vom neutralen administrativen Gestalter zu einer politischen Regierung. Letzteres würde sie, wenn wir die europäische Integration vertiefen wollten. Nur sollten wir der Kommission in der Zwischenzeit nicht glauben, sie sei eine neutrale, nur durch Sachkompetenz berechtigte Einrichtung.

127 Die Herrschaft der Europäischen Union geschieht zum großen Teil unsichtbar. Viele europäische Regeln werden zunächst in nationale Regeln umgesetzt. Ihre europäische Herkunft sieht man ihnen nicht an. Vollzogen werden sie von nationalen Verwaltungen. Anders als der Bund im amerikanischen System eröffnet die Europäische Union selten eigene Behörden, die mit den Bürgern in direkten Kontakt treten. Vor allem verfügt Europa nicht über Personen, die die Europäer kennen und mit denen sie politische Programme verbinden können. Europa und seine Mitglieder sind verschränkt. Europa handelt durch seine Mitgliedstaaten.

Das hat viele praktische Vorteile. Es erleichtert eine effektive Verwaltung. Zudem meinen die Staaten mehr ihrer Rechte zu bewahren, wenn sie selbst europäische Regeln vollziehen und dies nicht europäischen Behörden überlassen. Doch für die demokratische Legitimation provoziert das Nachfragen: Der Bedarf nach Legitimation entsteht durch die Sichtbarkeit der Herrschaft **→21**. Wo unsichtbar geherrscht wird, bleiben die Verantwortlichkeiten unklar.

128 Im Moment ist es unmöglich, aus der EU eine Demokratie zu machen, und doch einfach, sie demokratischer zu organisieren. Viele europäische Demokratien sind nicht bereit, der EU den Raum für eigenständige Gestaltung zu geben, den man für demokratische Willensbildung benötigt. Aber zwischen mitgliedstaatlicher und europäischer Demokratie besteht nicht immer ein Nullsummenspiel: Nicht jede Demokratisierung der europäischen Ebene führt zu einem Verlust an Demokratie in den Mitgliedstaaten. Wenn die EU die Kompetenz hat, etwas zu regeln, und wenn die demokratische Legitimation der nationalen Regierungen nicht genügt, müssen die europäischen Prozeduren geändert werden. Seltsamerweise herrscht eine erstaunliche Einigkeit darüber, was die nächsten Schritte für eine Demokratisierung wären. Sie folgen aus den Defiziten der Regierungszusammenarbeit **→124**: Beteiligung des Parlaments an allen Akten der Gesetzgebung, öffentliche Verhandlungen des Rates, Einrichtung eines allgemeinen Rates für die gesamte Gesetzgebung.

129 Der Europäische Verfassungsvertrag war keine Verfassung. An dieser Falschbezeichnung ist er gescheitert. Aus dem Schmuckkästchen nationaler demokratischer Identitäten haben sich die Autoren des Verfassungsvertrags bedient, um die x-te Änderung der europäischen Verträge symbolisch aufzuwerten: die Bezeichnung als Verfassung, ein pathetischer Vorspruch, eine Hymne und vieles mehr. Aber warum sollte irgendeine Vertragsänderung auf einmal die Bezeichnung Verfassung verdienen? Verfassungen sind Urkunden einer politischen Neugründung. Sie sind nicht nur Regeln, die Politik verrechtlichen, sondern auch Regeln, die demokratische Willensbildung ermöglichen **→96**. Verfassungen setzen politische Zäsuren und sie setzen eine eigene demokratische Legitimation voraus. Die EU entsteht in einem langsamen Prozess und hat weiterhin ein demokratisches Identitätsproblem, das sich nicht hinwegdefinieren lässt. Warum sollten wir für diesen einmaligen Prozess überhaupt einen Begriff aus der Welt der Staaten verwenden? Die Ablehnung des Verfassungsvertrags durch die Referenden folgte genau dieser Einsicht. Sie richtete sich weniger gegen einzelne Bestimmungen als gegen die symbolische Aufwertung des Integrationsprozesses durch den Begriff Verfassung. So waren die Referenden die einzige demokratische Zäsur des Verfassungsprozesses, der nun mit den gleichen Inhalten weitergeht. Es ist eine Sache, die europäische Integration auszubauen, aber eine andere, sie als demokratische Veranstaltung zu definieren.

130 Außenpolitik ist schwieriger demokratisch zu legitimieren als Innenpolitik. Die Mechanismen des demokratischen Verfassungsstaats sind nicht für Außenpolitik gemacht. Im Umgang mit anderen Staaten ist es nicht in gleicher Weise möglich, Meinungspluralität auszubilden und Entscheidungen zu korrigieren wie nach innen. Verhandlungen mit anderen Staaten verlangen eine einheitliche Position. Völkerrechtliche Verpflichtungen entstehen in einem Aushandlungsprozess, der nicht öffentlich ist und sich schwer parlamentarisch kontrollieren lässt. Die Bindungen, die man gegenüber anderen Staaten eingegangen ist, bestehen über demokratische Wahlen hinweg. Sie sind, wenn nicht unumkehrbar, so doch nur sehr beschränkt zu ändern. Die einfache Abänderbarkeit der Ordnung, ein zentrales Element demokratischer Herrschaft, fehlt in den internationalen Beziehungen. Demokratische Zäsuren durch Wahlen und Abstimmungen, die dem demokratischen Willen neuen Atem geben **→68**, gibt es in der internationalen Ordnung nicht. In ihr herrscht eine langsam fortschreitende Kontinuität – und als politische Zäsur allenfalls Krieg.

131 Aus diesem Grund wird Außenpolitik traditionell als eine Domäne der Regierungen verstanden. In Systemen, in denen das Parlament die Regierung wählt, ist das auf den ersten Blick kein Schaden. Beide Gewalten ziehen am selben politischen Strang. In anderen Systemen ist dies anders, so in den Vereinigten Staaten, in denen Kongress und Präsident sich über viele grundsätzliche

Fragen, etwa ob der Kongress einer Kriegserklärung zustimmen muss, nie einig geworden sind. Hier hat das Parlament einen deutlich größeren Einfluss auf die Außenpolitik. Aber auch in parlamentarischen Ordnungen lebt die Balance zwischen Regierung und Parlamentsmehrheit davon, dass die Regierung die Mehrheit letztlich braucht. In der Außenpolitik kann sie Sachzwänge schaffen. Sie bindet sich auf der internationalen Ebene und teilt Parlament und Wählern mit, dass sie nicht anders kann. Außenpolitik wird zum innenpolitischen Hebel, zur undemokratischen »neuen Staatsräson«.[97] Für dieses Problem gibt es keine Lösungen, sondern allenfalls bescheidene institutionelle Verbesserungen durch gerichtliche Kontrollen und Transparenz der Verfahren.

132 Demokratische Verantwortlichkeit gegenüber der Internationalisierung muss gelernt sein. Das bedeutet auch, dass demokratische Parlamente lernen, selbstbewusster mit ihren Spielräumen umzugehen. Internationale Vorgaben sind nicht als unumgehbarer Sachzwang zu behandeln, das Risiko gegen internationales Recht zu verstoßen, darf nicht von vornherein vermieden werden. Völkerrechtsfreundlichkeit kann praktisch auch Parlamentsfeindlichkeit bedeuten. Vor allem müssen Parlamentsmehrheiten dazu bereit sein, mit ihren Regierungen in Konflikt zu geraten. Das ist gerade in Systemen, in denen Mehrheit und Regierung voneinander abhängen, keine leichte Aufgabe.

133 In der Außenpolitik gelten die üblichen Argumente gegen Volksabstimmungen nicht. Volksabstimmungen schließen Kompromisse aus. Das spricht gegen sie **→33**. Bei der Umsetzung völkerrechtlicher Pflichten haben Parlamente gleichfalls keine Möglichkeit, Veränderungen vorzunehmen. Der Vertrag kann nur so in Kraft gesetzt werden, wie er ausgehandelt wurde. Das Parlament kann nur zustimmen oder ablehnen, aber keine Kompromisse aushandeln. Für bedeutende völkerrechtliche Verpflichtungen, etwa für die Vertiefung der EU oder den Beitritt der Welthandelsorganisation, wäre daher ein Referendum bedenkenswert. Denn ihre große Bedeutung und die Unsichtbarkeit ihrer praktischen Folgen **→127** verlangen nach einer herausgehobenen Form demokratischer Legitimation.

134 **Internationale Organisationen beziehen demokratische Legitimation, soweit sie ihrer überhaupt bedürfen, aus der Legitimation der Staaten, die sie begründen.** Die Errichtung der Vereinten Nationen oder der Welthandelsorganisation geschah durch einen Akt der beteiligten Staaten. Ihre einzige demokratische Legitimation gewinnen diese Organisationen, soweit die beteiligten Staaten ihrerseits Demokratien sind. Diese Legitimation erscheint schwach: Sie ist viele Schritte entfernt von den Wählern und es sind eben nicht alle Vertragsparteien Demokratien. Aber die Feststellung dieser Schwäche kann nicht durch neue Begriffe von Demokratie hinwegdefiniert werden **→148**. Solange internationale Organisationen Staaten bloß koordinieren, üben sie keine Herrschaft aus. Der Legitimationsbedarf ist gleichfalls weniger dringlich, solange Entscheidungen internationaler Organisationen nur durch Vermittlung staatlicher Akte Wirkungen auf ihre Bürger haben können. Viele Probleme der internationalen Beziehungen sind keine ihrer demokratischen Legitimation.

135 **Als Gesprächsforum der Staaten der Welt bedarf die UN keiner eigenen Legitimation.** Soweit die Vereinten Nationen allen Staaten der Welt ein offenes Forum bieten, in dem sie sich unter den Bedingungen normativer Gleichheit austauschen können, bedürfen sie keiner eigenen demokratischen Legitimation. Ein solches Forum wird gegenüber nur zweiseitigen oder regionalen Foren Vorteile haben und auch als Vorschein einer globalen demokratischen Identität dienen **→151**. Weil es in dieser Funktion keine Herrschaft ausübt, ist es nicht weiter demokratisch legitimationsbedürftig.

136 **Die Legitimation des Sicherheitsrats hängt an der Aufgabe der Friedenssicherung.** Der Sicherheitsrat hat seit den neunziger Jahren immer mehr als eine Art Weltgesetzgeber gehandelt, der Regeln setzt, die alle Staaten binden.[98] Formal folgt sein Recht dazu aus der Zustimmung aller Staaten zur UN-Charta. Aber die Lage des Sicherheitsrates bestätigt zunächst die Einsicht, dass Legitimation an der Möglichkeit hängt, bestehende Regeln zu ändern **→20**. Das aktuelle System des Sicherheitsrates, in dem fünf permanente Mitglieder ein Veto-Recht haben, überzeugt wohl nur noch diese fünf Mitglieder – aber weil es nur im Konsens zu ändern ist, sind die Aussichten auf Änderung gering.[99] Wonach aber sollte sich eine Reform richten? Zur Beantwortung dieser Frage ist an den notwendigen Zusammenhang zwischen Legitimation und Handlungsfähigkeit zu erinnern **→74**. Legitimation zielt auf Handlungen und die Art der Handlungsmacht wirkt auf die Art der Legitimation zurück. Wenn die zentrale Aufgabe des Sicherheitsrats in der Friedenssicherung besteht und wenn diese nicht von eigenen Truppen der UN, sondern von Truppen der Mitgliedstaaten wahrgenommen wird, dann kann die Legitimation friedenserhaltender Maßnahmen nur von Staaten kommen, die in der Lage sind, Entscheidungen des Sicherheitsrates militärisch durchzusetzen und Militäreinsätze auch innenpolitisch zu verantworten. Diese Überlegung rechtfertigt nicht den Status quo. Die Repräsentation aller Kontinente unter den ständigen Mitgliedern würde sicher dabei helfen, den Sicherheitsrat als universales Entscheidungsorgan zu legitimieren. Aber der Zusammenhang zwischen der Aufgabe des Sicherheitsrates und einem angemessenen Legitimationsmechanismus macht deutlich, dass die Legitimation des Sicherheitsrates nicht dem Prinzip der Gleichheit aller Staaten folgen kann. Staaten, die in den Sicherheitsrat wollen – wie Deutschland –, müssen bereit sein, sich in besonderer Weise auch militärisch zu engagieren.

137 Je näher internationale Organisationen der Freiheit von Individuen kommen, desto dringlicher stellt sich die Frage nach ihrer Legitimation. Internationale Organisationen verstehen sich oft als Agenten von Frieden, Freiheit und Wohlfahrt und stellen sich damit in Gegensatz zu vermeintlich egoistischen Staaten. Aber mangels demokratischer Verfahren und rechtsstaatlicher Kontrolle sind sie, wenn sie einmal Herrschaft ausüben, schlechter kontrolliert als demokratische Rechtsstaaten. Es zeigt sich in den noch seltenen, aber immer häufiger auftretenden Fällen, dass internationale Organisationen direkt in die Rechte Einzelner eingreifen. Zwei Beispiele aus der UN: Der Sicherheitsrat veröffentlicht Listen von Terrorverdächtigen, denen jede Möglichkeit genommen wird, über ihr Vermögen zu verfügen. Eine gerichtliche

Kontrolle dagegen bietet die UN nicht an.[100] Wäre die UN ein Staat, würde sie gegen ihre eigenen Standards verstoßen. Die UN verwaltet Gebiete wie den Kosovo direkt. Hier sehen sich Bürger im täglichen Leben einer internationalen Verwaltung gegenübergestellt, die sich selbst von rechtlicher Verantwortung freigezeichnet hat. Gegen ihre Handlungen gibt es keinen wirksamen Rechtsschutz.[101] Die Bewohner leben im aufgeklärten Absolutismus der internationalen Gemeinschaft.

138 Weder als Forum noch als Tribunal bedarf die Welthandelsorganisation der Demokratisierung. Wenige Organisationen werden von der Globalisierungskritik so attackiert wie die Welthandelsorganisation (WTO), aber bedarf sie mehr demokratischer Legitimation? Die WTO erfüllt zwei Aufgaben. Sie bietet zum Ersten ein Forum aller Mitgliedstaaten zur Diskussion internationaler Handelsregeln, die im Konsens beschlossen werden. Es ist klar, dass in diesen Verhandlungen wohlhabende Länder mehr Einfluss haben als arme und globale Ungerechtigkeiten, etwa durch die Abschottung der Agrarmärkte, verschlimmert werden können. Aber sind Entscheidungsregeln denkbar, die dieses Problem im Namen der Demokratie lösen? Jeder Staat hat ein Veto-Recht. Viele kleine und arme Staaten lassen sich ihr Veto für geringe Vergünstigungen von den USA und der EU abkaufen. Helfen gegen solche Entscheidungen Regeln? Ein wachsendes Selbstbewusstsein bestimmter Staaten gegenüber den Großen wird allein wenig nutzen. Aber ein Problem demokratischer Verfahren ist dies nicht. Auch hier ist Demokratie nicht mit Gerechtigkeit zu verwechseln. Nichtregierungsorganisationen (NGOs) können eine gerechtere Politik etwa von der EU fordern, aber was es bedeuten könnte, für die WTO demokratischere Verfahren zu fordern, wissen wir deswegen noch nicht. Zum Zweiten entscheiden in der WTO unabhängige Tribunale, in denen die Staaten sich gegenseitig auf die Einhaltung der getroffenen Handelsregeln verklagen können. Dieses System funktioniert bemerkenswert gut. Es ist vielleicht eine Art Vorstufe zu föderalen Gerichten in gemeinsamen Märkten,[102] deren Problem wir aufgezeigt haben **→117**: Solche Gerichte privilegieren bewegliche wirtschaftliche Interessen Einzelner gegenüber der demokratischen Selbstbestimmung der Mitglieder der WTO, weil die Mitglieder sich entsprechend verpflichtet haben. Die Kritik von Globalisierungsgegnern lautet entsprechend, die Tribunale wendeten nur wirtschaftliche Regeln ohne Rücksicht auf Menschenrechte, Umweltschutz oder Arbeitsbedingungen an. Soweit dies zutrifft,[103] muss man sich fragen, was die Alternativen wären. Ob mehr Einfluss der NGOs einen Gewinn an Demokratie darstellen würde, ist zu bezweifeln **→139**. Welche Legitimation aber hätte ein Tribunal, das alle Rechtsfragen in jeder möglichen Hinsicht beantworten dürfte? Es funktionierte als eine Art gigantisches Weltverfassungsgericht ohne handlungsfähigen Gesetzgeber als Gegenüber – sicherlich keine sonderlich demokratische Vorstellung.

139 **Nichtregierungsorganisationen haben ein demokratisches Doppelgesicht.** Internationale NGOs haben dasselbe Doppelgesicht wie die Zivilgesellschaft in nationalen Zusammenhängen. Sie ermöglichen demokratische Willensbildung, ohne selbst demokratisch legitimiert zu sein **→44**. Sie schaffen eine meinungsbildende Umwelt für demokratische Entscheidungen, können demokratische Entscheidungen aber nicht ersetzen. Anders als beim innenpolitischen Übergang von autoritären Systemen zur Demokratie gibt es im internationalen Raum bereits demokratische Organisationen: demokratische Staaten. Diese sollen sich durchaus von den NGOs informieren und belehren lassen. NGOs können dazu beitragen, eine globale Problemwahrnehmung zu entwickeln, die zarte Knospe einer globalen demokratischen Identität **→141**. Aber all diese Beiträge ersetzen nicht die Legitimation demokratischer Staaten. Denn auch NGOs vertreten mit ihren Anliegen nur bestimmte Spezialinteressen. Darin sind sie – bei allem guten politischen Willen – von multinationalen Konzernen nicht unterschieden. So wichtig der Beitrag von NGOs zur globalen Meinungsbildung ist, so wenig ist es zu wünschen, dass NGOs sich in internationale Organisationen einbauen und eine formalisierte Rechtsstellung bekommen. Dazu fehlt es ihnen an egalitärer Legitimation, im Ergebnis entstünde eine Art internationaler Korporatismus. Den Traum vom Expertengespräch, in dem sich Fachleute über ein bestimmtes Problem austauschen und ohne egalitäre Verfahren zur »richtigen« Lösung kommen, wird auch nicht dadurch schöner, dass NGOs ihn träumen.

140 Fragmentierung ist eine demokratische Schwäche der internationalen Ordnung. Das internationale Recht entwickelt sich nicht nach einem einheitlichen politischen Plan, sondern entlang bestimmter Politikfelder, die untereinander nicht koordiniert werden: Handelsrecht, Umweltrecht oder Arbeitsrecht werden von verschiedenen Organisationen repräsentiert, die ihr Anliegen für sich vorantreiben.[104] Man spricht deswegen von einer Fragmentierung des Völkerrechts und mag sich fragen, ob der eigentliche internationale politische Konflikt nicht zwischen diesen Feldern auszutragen ist: zum Beispiel Interessen der Entwicklungshilfe gegen Interessen des Umweltschutzes oder des Freihandels. NGOs verstärken diese Tendenz, denn anders als Parteien **→49** – und anders als staatliche Regierungen – sind sie Spezialistenorganisationen. Demokratische Politik kann aber nicht nur innerhalb sachlich spezialisierter Einheiten ausgetragen werden. Demokratische Organisationen müssen im Prinzip für alle Probleme zuständig sein.

141 Auch im Völkerrecht kristallisieren sich neue Foren demokratischer Willensbildung um Konflikte und Verfahren. Das mangelnde Interesse an potentiell internationalen Institutionen liegt in dem Eindruck begründet, dort würden keine wichtigen Entscheidungen getroffen. Auch wenn dieser Eindruck täuscht, lässt er sich nicht einfach ausräumen. Diese Wahrnehmung kann sich aber in bestimmten politischen Momenten weiterentwickeln. So schaute die ganze Welt vor dem Irak-Krieg auf den UN-Sicherheitsrat. Seine Entscheidung schien für einen Moment von allgemeiner Bedeutung und damit potentiell demokratisierbar zu sein. Die Welt hatte ein gemeinsames Problem und einen Ort, an dem dieses erörtert wurde. Ein solches Ereignis gibt einen Eindruck davon, wie globale demokratische Willensbildung entstehen könnte. Die Auseinandersetzung über ein Problem provoziert die Frage, wo der Konflikt zu lösen sein wird. Im Streit entsteht eine gemeinsame Wahrnehmung der dazu angemessenen Institution. Dabei ist zunächst zweitrangig, ob eine Entscheidung des Sicherheitsrates getroffen oder beachtet wurde. Im Nachhinein scheint der Verlauf des Kriegs dem Sicherheitsrat zwar keine Macht, aber doch Recht zu geben.

142 **»Konstitutionalisierung des Völkerrechts« bezeichnet nur die Verrechtlichung, nicht die Demokratisierung der internationalen Ordnung.** Konstitutionalisierung ist ein wichtiges Schlagwort der neueren Diskussion im Völkerrecht.[105] Es beschreibt die wachsende Bedeutung individueller Rechte im Völkerrecht und die zunehmende Bindung staatlichen Handelns an Regeln, die auch gegen staatlichen Willen gelten und von unabhängigen Gerichten oder Tribunalen überprüft werden können. Damit beschreibt der Begriff allerdings nur die Verrechtlichung internationaler Politik. Als Konstitution, als Verfassung bezeichnen wir einen doppelten Mechanismus: Nur jene Verrechtlichung ist Konstitutionalisierung, die demokratische Politik ermöglicht. Verfassungen demokratisieren die Rechtssetzung und sie verrechtlichen kollektive Willensäußerungen, damit diese demokratisch sein können **→96**. Diese Verbindung von Recht und Demokratie wird häufig unterschlagen, so als würde es ausreichen, Nationalstaaten an Regeln zu binden, um die internationale Ordnung zu verbessern – unabhängig davon, wer diese Regeln in welchem Verfahren gesetzt hat. Zu viele Regeln aber beschränken nationale demokratische Selbstbestimmung und können Konflikte genauso erzeugen wie verhindern. Das zeigt sich am internationalen Menschenrechtsschutz.

143 **Internationaler Menschenrechtsschutz sollte sich auf ein zivilisatorisches Minimum beschränken.** Die Durchsetzung zivilisatorischer Mindeststandards, wie das Verbot von Folter und Völkermord, sollte eine zentrale Aufgabe des internationalen Rechts sein. Wenn aber Grundrechte die Beziehungen zwischen Bürgern regeln, bedarf ihre Ausgestaltung demokratischer Verfahren **→95**. Dann stellt sich auch die Frage, warum Freiheiten in allen Ländern einheitlich geregelt sein sollten. Den Ausgleich zwischen Meinungsfreiheit und Ehrenschutz oder die Reichweite des Privateigentums müssen nicht alle demokratische Staaten in gleicher Weise regeln. Sicher haben Franzosen hier andere

Vorstellungen als Amerikaner. Menschenrechtskonventionen bauen diese Spielräume in ihre Jurisprudenz ein und erkennen damit an: Keine universale Grundrechtslehre kann detailgenaue einheitliche Lösungen für solche Probleme begründen.

144 **Internationaler Menschenrechtsschutz funktioniert bis auf weiteres nur durch Vermittlung nationaler Demokratien.** Das Menschenrechtssystem der Vereinten Nationen ist auch nach seiner Reform bankrott. In ihm verschaffen sich autoritäre Ordnungen gegenseitig symbolisch-politische Deckung.[106] Diese Fehlentwicklung wird aus einem falschen Menschenrechtsidealismus oder um das Schlimmere, das aber bereits eingetreten ist, vermeintlich zu verhüten, oftmals nicht deutlich ausgesprochen. Entsprechend funktionieren die regionalen internationalen Menschenrechtsordnungen nur, wenn sich in ihnen überwiegend Demokratien zusammengetan haben, wie im Fall der Europäischen Menschenrechtskonvention. In anderen Regionen können sich solche Gerichte nicht gegen autoritäre Ordnungen durchsetzen. Dies ist eine empirische Bestätigung für ein demokratisches Verständnis von Rechten, also für Hannah Arendts bereits erwähnte Einsicht, dass das praktisch wichtigste Recht zur Zugehörigkeit zu einer politischen Gemeinschaft berechtigt **→101**. Nur in einer Gemeinschaft, die bereits auf Anerkennung der Person ausgerichtet ist, können sich Rechte und Gerichte gegen politische Mehrheiten durchsetzen.

145 **Humanitäre Hilfe ist etwas kategorial anderes als Menschenrechtsschutz. Menschenrechte, die nach politischer Opportunität durchgesetzt werden, sind keine Rechte, sondern Privilegien.** Menschen im Elend zu helfen ist eine bedeutende Aufgabe internationaler Organisationen, die aber praktisch nur in bestimmten politischen Konstellationen möglich ist. Rechte sind für alle Berechtigten gleich geltende Sphären der Freiheit. Werden Menschenrechte nur gegenüber schwachen Staaten durchgesetzt, so verlieren sie den Status als Rechte. Sie sind Privilegien derjenigen, die zufällig in Serbien und nicht in China verfolgt wurden. Dies ist kein Argument gegen diese Hilfe. Aber es stellt für die Legitimation des internationalen Menschenrechtsschutzes ein zentrales Problem dar, wenn politische Entscheidungen mittels des Begriffs der Menschenrechte zu moralischen Notwendigkeiten erklärt werden, zumal wenn damit militärische Interventionen gerechtfertigt werden sollen. Wenn Menschenrechte in einem demokratischen Verfahren verbrieft und durch unabhängige Instanzen durchgesetzt werden, so besteht kein Raum für Opportunitätsgesichtspunkte. Wenn Menschenrechte jedoch nur gegen bestimmte Staaten durchgesetzt werden, gegen andere aber nicht, verlieren sie ihren Status als Rechte und verwandeln sich unter der Hand von Vergünstigungen für Individuen zu politischen Formeln zur Rechtfertigung von Interventionen.

146 **Auch die Verfolgung von Verbrechen gegen die Menschlichkeit ist zunächst die eigene Angelegenheit einer demokratischen Gemeinschaft.** Einer Demokratie im Namen der Menschenrechte die Aufarbeitung ihrer totalitären Vergangenheit aus der Hand zu nehmen, ist wenig demokratisch. Wenn im Falle Pinochets britische und spanische Richter den Fall an sich zogen, so wurde damit im Namen der Menschenrechte den Chilenen ein politisch wichtiger Teil ihrer Selbstbestimmung genommen. Das gut nachvollziehbare Bedürfnis der Weltöffentlichkeit, einen Diktator wegen Verbrechen gegen die Menschlichkeit bestraft zu sehen, ging der Selbstbestimmung des Landes vor, das von ihm am meisten betroffen war. Das kann im Einzelfall nur gerechtfertigt sein, wenn Opfer der Diktatur aus Ländern kommen, in denen ein Prozess angestrengt wird. Wir sollten trotzdem anerkennen, dass hier ein trade-off vorliegt, dass auch die Art und Weise, in der sich demokratische Ordnungen ihrer Vergangenheit nähern, Respekt verdient. Die Einrichtung des Internationalen Strafgerichtshofs stellt insoweit einen doppelten Fortschritt dar: weil er die Verfolgung zunächst in die Hände der betroffenen Staaten gibt und weil er die Entscheidung über die Strafverfolgung allmählich politischer Opportunität entzieht.

147 **Unsichtbare Herrschaft entsteht im internationalen Raum durch weiche Regeln. Durch sie fallen Herrschaft und Legitimation auseinander.** Viele international entstandene Regeln können wir als solche gar nicht erkennen, sie entstehen als weiche Vorschläge durch Gremien, die nicht dazu befugt sind, bindende Regeln zu treffen, die Vorschläge machen, die dann von den Staaten übernommen werden. Organisationen wie die OECD erlassen keine Normen. Sie bieten Studien an wie PISA, an denen sich Staaten freiwillig beteiligen können, oder Auslegungshilfen für internationales Steuerrecht.[107] Wo liegt das Problem? Zum Ersten liegt es darin, dass politische Entscheidungen im Gewand der Expertise getroffen werden. In der Welt der OECD gibt es keine Entscheidungen, sondern nur richtige Lösungen. Dies führt dazu, dass Vorgaben wie ein Sachzwang in die nationale Politik eingebaut werden, die Verantwortung für ihre Umsetzung aber nicht mehr von denen übernommen wird, die eigentlich über diese entscheiden. Die Welt der internationalen Ordnung besteht aus einer Fülle solcher öffentlichen und privaten Agenturen, die Programme entwickeln, Gesetze schreiben, die nur noch von Staaten übernommen werden müssen. Demokratische Staaten bauen Ordnungen nach, die ihnen von internationalen Organisationen vorgegeben wurden, ohne dass dies zu erkennen wäre: von Bildungsstandards bis zu Kapitalmarktregeln. Hinter diesen Organisationen stehen wiederum andere, zumeist westliche Staaten, die ihre Modelle exportieren. Hier entsteht auf unsichtbarem Weg eine Art regulatorischer Monokultur. Internationale Organisationen zeichnen Blaupausen für Regulierungen. Der demokratische Experimentalismus stirbt langsam ab. Wie bei der Software steigt die Krisenanfälligkeit der gleich programmierten politischen Systeme.

148 **In der Debatte über internationale Demokratie werden die Standards gesenkt, um die Internationalisierung zu rechtfertigen.** Stattdessen wäre genauer zu schauen, wo demokratische Legitimation erforderlich ist. Egalitäre demokratische Standards gelten in der wissenschaftlichen Diskussion oft als veraltet, weil mit ihnen neue institutionelle Phänomene im internationalen Raum nicht gerechtfertigt werden können. So schlagen politische Theoretiker immer häufiger im Namen der Zeitgemäßheit »neue« Formen der Demokratie oder gar der »Postdemokratie« vor, die nicht selten auf das Erfordernis demokratischer Gleichheit verzichten, Mitbestimmung durch Anhörung oder Legitimation durch Output, durch gute Ergebnisse ersetzen:[108] Demokratische Legitimation soll entstehen, wenn alle einschlägigen NGOs vor einer Entscheidung ihre Meinung äußern dürfen oder gar, wenn sich kompetente Regierungsexperten mit guten Argumenten auf eine Lösung einigen.[109] Dies mögen nützliche Mechanismen sein, aber mit einer Ordnung gleicher Freiheit haben sie nichts zu tun. Es kann auch nicht der Sinn einer Legitimationstheorie sein, sie um jedes Phänomen so herum zu konstruieren, dass keine Legitimationsdefizite mehr auftauchen. Mechanismen wie die oben erwähnten können nach anderen Kriterien positiv bewertet werden, ohne deshalb demokratisch zu sein. Warum kann man nicht offen auf den Begriff Demokratie verzichten? Wichtiger wäre es, genauer zu bestimmen, für welche Mechanismen demokratische Legitimation überhaupt erforderlich ist **→111**.

149 Demokratien sollten Verbündete von Demokratien sein. Diesem so begrifflich operierenden Argument scheinen alle politischen Realitäten zu entgehen. Der demokratische Westen hat sich seine Verbündeten und Gegner nur höchst selten danach ausgesucht, ob sie demokratische Selbstbestimmung ermöglichen. Er hat auch nur höchst selektiv Bewegungen unterstützt, die zu einem demokratischen System führen sollten. Die Entscheidung des Westens für den Schah von Persien, das Regime in Algerien, in Saudi-Arabien, aber auch das Misstrauen gegenüber der amtierenden Regierung der Türkei und das Liebäugeln mit dem autoritären Kemalismus, zuvor die Außenpolitik des Westens in Lateinamerika oder in Südafrika, bringen allesamt das Gleiche zum Ausdruck: eine Präferenz zugunsten einer bestimmten religiösen und weißen Kultur oder für Handelsbeziehungen. Paradoxerweise vertrauen die Promotoren eines gewaltsamen demokratischen Universalismus hier gerade nicht der Universalisierbarkeit der Demokratie.[110] Aber manches spricht dafür, dass sich eine solche Außenpolitik in ihren Widersprüchen verfängt. Es geht weniger um Idealismus als um die Kritik an der Kurzfristigkeit einer Außenpolitik ohne demokratische Präferenz. Nicht immer fällt das Gute und Richtige zusammen, doch: Viele Optionen des Westens zugunsten autoritärer Ordnungen scheinen zur Radikalisierung der Gegner des Westens beigetragen zu haben.

150 **»Eine Gemeinschaft demokratischer Staaten« wäre keine Alternative zu den Vereinten Nationen.** Sollten wir die kaum reformierbaren UN nicht zugunsten einer Koalition demokratischer Staaten verlassen? Das wird in den Vereinigten Staaten diskutiert. Für die Theorie der Demokratie erscheint dies auf den ersten Blick als eine wunderbare Vorstellung. Organisieren sich alle Demokratien gemeinsam, so ist die Legitimation gemeinsamer Regeln viel einfacher zu begründen als sonst im internationalen Recht. Mit der Gründung einer solchen Gemeinschaft entstünde allerdings augenblicklich ein globaler politischer Konflikt. In der politischen Logik der Bipolarität **→66** würde schon die Bezeichnung einer Seite augenblicklich eine andere Seite bezeichnen, die Koalition der Staaten, die nicht zu dieser Gemeinschaft gehören. Solche bipolaren Konflikte sind, wie wir gesehen haben, für Demokratien sehr wichtig. Aber sie setzen, sollen sie nicht in reinem Konflikt münden, zugleich ein gemeinsames Forum voraus. Eine Partei kann nicht das Forum für alle Parteien ersetzen, so kann eine Staatengemeinschaft nicht die Vereinten Nationen ersetzen. Politische Identitäten entstehen aus beweglichen Gegensätzen. Die Partei der Demokraten schafft von selbst die Partei der Nicht-Demokraten. Damit aber dürfte der Demokratisierung der Welt kein Gefallen getan werden.

151 **Internationale Demokratie jenseits des Staates müsste als ein Angebot egalitärer Institutionen beginnen.** Globale egalitäre Institutionen, ein Weltparlament, können als Angebot beginnen, das zunächst niemanden interessiert. Politische Bedeutung würden sie bekommen, wenn plausibel würde, dass bestimmte Fragen in diesen Institutionen angemessen entschieden werden können, und wenn innerhalb dieser Institutionen politische Gegensätze entstünden, die sich nicht auf nationalstaatliche Gegensätze reduzieren lassen. Dies sind schwierige und nur langwierig zu verwirklichende Voraussetzungen. Sie stoßen auf besondere Probleme, wenn nicht alle an den neuen Institutionen beteiligte Staaten ihrerseits demokratisch sind. Aber zugleich zeigen sie einen Weg. Demokratische Willensbildung kann nur entstehen, wenn Angebote für demokratische Institutionen gemacht werden. Ob sie wahrgenommen werden, ist eine zweite Frage, aber in jedem Fall wäre es kategorial falsch, vom Fehlen eines übernationalen Volkes her zu denken **→122**.

152 **Das Dilemma gewaltsamer Demokratisierung ist das Dilemma des demokratischen Revolutionärs.** Es gibt keinen Zwang zur Freiheit. Anders als durch Selbstbestimmung ist Selbstbestimmung nicht denkbar. Demokratie ist nicht universell erzwingbar, sie ist nur für diejenigen, die sie wollen. Aber weil wir niemanden zur Demokratie zwingen sollen, dürfen wir vielleicht trotzdem jemandem helfen, der eine demokratische Ordnung will, sie aber nicht bekommt? Das Dilemma einer demokratischen Außenpolitik ist das Dilemma des demokratischen Revolutionärs in einer autoritären Ordnung.[111] Ob die Opfer der amerikanischen Revolution gerechtfertigt sind, erscheint – wie jede Rechtfertigung von Opfern durch die Überlebenden – doch sehr zweifelhaft. Trotzdem wünschen wir uns die Vereinigten Staaten eben nicht als britische Kolonie. Dieses Dilemma ist das Dilemma richtiger demokratischer Außenpolitik, die Demokratie weder gewaltsam exportieren darf noch ignorieren kann, wo für die Demokratie gekämpft wird.

153 **Unsere Beobachtung der internationalen Demokratie bedarf zwar der Geduld, doch nicht des Relativismus.** Die langsame Entwicklung demokratischer Strukturen steht im Widerspruch zu unseren Standards demokratischer Legitimation. Für den richtigen Umgang mit diesen Widersprüchen können wir zwischen Geduld und Relativismus unterscheiden. Es wäre sinnlos, bestimmte Forderungen an die demokratische Legitimation internationaler Organisationen zu stellen, die nicht durchsetzbar oder sogar kontraproduktiv sind. Demokratische Strukturen, wo sie überhaupt geboten sind **→111**, entstehen langsam und sie entstehen immer aus undemokratischen Strukturen. Aber Geduld ist nicht mit Relativismus zu verwechseln. Wir können uns aus praktischer Einsicht mit undemokratischen Zuständen abfinden. Aber deswegen sollten wir sie nicht in demokratische Zustände umtaufen **→148**. Den Widerspruch zwischen demokratischer Norm und politischer Realität müssen wir ertragen, nicht vorschnell unter Aufgabe unserer Standards verleugnen.

Zumutungen der Demokratie

154 Wir haben demokratische Traditionen, aber wir interessieren uns kaum für sie. Die Weimarer Republik war eine moderne Demokratie, die man nicht allein danach beurteilen kann, dass sie – wie so viele andere Demokratien der Zwischenkriegszeit in Europa – scheiterte.[112] Es scheint, als ob wir sie für den Nationalsozialismus verantwortlich machten und uns ihrer schämten. Aber ist es sinnvoll, einer Demokratie anzulasten, dass sie schwächer war als ihre Gegner? Und ist es schlecht, sich regelmäßig daran zu erinnern, dass Demokratien scheitern können? Wissen über die Weimarer Republik ist bei uns nicht sonderlich verbreitet – und der Umgang mit dieser Tradition hat seine Eigenheiten: Wo wird an Hugo Preuß, den Schöpfer der ersten demokratischen Verfassung, erinnert? Stattdessen lesen wir auf dem Rosa-Luxemburg-Platz in Berlin-Mitte auf einem staatlich finanzierten Denkmal des Künstlers Hans Haacke Zitate von Rosa Luxemburg. Die erste frei gewählte Nationalversammlung in einem demokratischen Deutschland bezeichnete sie als »überlebtes Erbstück bürgerlicher Revolutionen« und »Hülse ohne Inhalt«. Autoritäre Gegner der Weimarer Republik hätten dieser parlamentsfeindlichen Bewertung sicher zugestimmt. Immerhin demonstriert dieser öffentlich finanzierte antiparlamentarische Sozialkitsch unsere demokratische Traditionslosigkeit besonders deutlich.

155 Deutschlands demokratischer Urzustand ist der Protest vor dem Schloss. Politik begann in den Vereinigten Staaten in Kongressen und Konventen, die eine neue Demokratie begründeten. Sie begann in Deutschland als Versuch, den monarchischen Staat zu bändigen. Aus dieser monarchischen Situation stammt die seltsame, bei Rechten verbreitete Vorstellung, es gäbe den eigentlichen Staat hinter der demokratischen Fassade, dieser Staat sei mit der Verwaltung gleichzusetzen, nicht mit dem Parlament oder den Gerichten. Aus dieser Tradition stammt auch die bei Linken verbreitete Vorstellung, der natürliche Aggregatzustand demokratischer Politik sei die Opposition und es sei politisch ausreichend, kritisch zu sein. Heute dienen solche Vorstellungen vornehmlich dazu, sich selbst aus den politischen Umständen hinauszuziehen, für die man wie jeder andere auch verantwortlich ist. Um sich aus diesem Denken zu befreien, hilft der Blick auf die demokratischen Institutionen in den Vereinigten Staaten immer noch, wenn auch manchmal nur, um den Zumutungen der Demokratie ins Auge zu sehen. So seltsam uns beispielsweise die in den USA verbreitete Aversion gegen die Vereinten Nationen erscheint, so sehr erkennt man in dieser auch die Weigerung, sich von Organisationen bestimmen zu lassen, die uns gegenüber nicht verantwortlich sind. So verbreitet bei uns die Kritik an den amerikanischen Medien ist, so selten wird berichtet, wie genau amerikanische Wähler das Abstimmungsverhalten einzelner Abgeordneter beobachten und ihrer Entscheidung zugrunde legen. Von den USA lässt sich in Sachen Demokratie weiterhin sehr viel lernen.

156 **Demokratie ist durch Wohlstand nicht garantiert.** Dies wird gerade in Deutschland häufig unterstellt, so als sei der Ruf nach autoritärer Ordnung und gegen Demokratie die natürliche und damit entschuldbare Folge von Armut oder sozialer Ungleichheit, so als sei umgekehrt die Ablehnung der Demokratie nur ein Problem der Armen. Als Beleg für diese Annahme dient das Ende der Weimarer Republik, angeblich eine Folge der Weltwirtschaftskrise. Man vergleiche nur das Jahr 1933 in Deutschland und den USA: Dieselbe Wirtschaftskrise wütete in den Vereinigten Staaten nicht weniger verheerend als in Deutschland. Doch wählten die Amerikaner 1932 Franklin Roosevelt zum Präsidenten. Ob man sich in Zeiten eigener Not nicht-demokratischer Herrschaft zuwendet, dürfte vor allem eine Frage der eigenen historischen Erfahrungen mit Politik sein. Aber das bedeutet auch, dass wir uns um unser demokratisches Bewusstsein anders zu kümmern haben als durch Sozialpolitik →**105**.

157 **Mangel an Liberalismus ist auch ein Mangel an Demokratie.** Das Fehlen demokratischer Traditionen und das Fehlen liberaler Traditionen verstärken sich gegenseitig. Das Fehlen liberaler

Traditionen wird deutlich, wenn gerade sich »liberal« gebende Anliegen in Kategorien formuliert werden, die nicht liberal sind: Es ist nicht liberal, von den Problemen »der Wirtschaft« zu reden, weil hier die Summe individuell Handelnder sogleich wieder in einen gemeinsamen Verband eingemeindet wird. Es ist nicht liberal, vom »Wirtschaftsstandort Deutschland« zu reden, dies ist eben eine Kategorie nationaler Politik, keine individueller Freiheit. Es ist nicht liberal, die Gesetze des Marktes als Schicksal zu verstehen, dem wir uns anzupassen haben. Liberal wäre es, Marktwirtschaft als Möglichkeit, vor allem als Resultat einer eigenen Entscheidung zu begreifen. Warum ist das wichtig für die Demokratie? Weil die Demokratie am Selbstbewusstsein von Individuen hängt, an die die demokratische Gleichheit anschließen kann, nicht am Selbstbewusstsein von Korporationen.

158 Wir schulden den Gegnern der Demokratie Gründe für die Demokratie, keine moralische Empörung. Wenn unsere wechselseitige Anerkennung als vernünftige Wesen essentiell für die Demokratie ist **→15**, müssen wir die Gegner der Demokratie dadurch anerkennen, dass wir Gründe für die Demokratie liefern. Dies ist nicht als naive Empfehlung zu verstehen, Worte gegen Gewalt zu richten. Für Gewalt ist das Strafrecht zuständig, aber gegen antidemokratische Einstellungen helfen keine Rituale der Empörung, in denen wir uns moralisch distanzieren und andere zu politischen Outlaws machen, ohne zu argumentieren. Wer an die Argumente für Demokratie nicht mehr glaubt, steht, vielleicht nicht gewollt, aber doch im Ergebnis bereits auf der anderen Seite.

159 Moralismus und politische Empfindsamkeit ersetzen in der Demokratie weder Argumente noch politische Konflikte. Roosevelt wurde von seinen Gegnern als Nazi beschimpft.[113] Deswegen zog er vor kein Gericht. Wenn die Probleme größer werden, werden die Auseinandersetzungen härter. Das ist für alle unangenehm, trotzdem ist niemandem damit gedient, wenn dumme Kritik an der Demokratie in der Demokratie unausgesprochen bleibt oder praktisch geächtet wird. Ebenso ist die Verbannung radikaler Demonstrationen aus der Mitte der Städte nur eine kurzsichtige Verdrängung. Alles muss auf den Tisch und mit allem müssen wir uns in der Sache auseinandersetzen. Ohne diese Zumutung funktioniert keine Demokratie.

160 **Parteiverbote helfen der Demokratie nicht.** Eine antidemokratische Partei, die die Unterstützung eines nennenswerten Teils der Bevölkerung gewonnen hat, muss man demokratisch bekämpfen, nicht mit Hilfe eines Gerichts. Ein gerichtliches Verbot bestätigt genau den Verdacht gegen die Demokratie, die den Erfolg jeder extremistischen Partei begründet: nicht mehr offen für Anliegen der Leute zu sein, sondern sich gegenüber diesen zu verselbständigen. Mit einem Gerichtsverfahren gibt die demokratische Politik die demokratische Konfrontation auf und leitet ihre Verantwortung einfach weiter. Auch in diesem Fall herrscht das falsche Bedürfnis, die Gegner der Demokratie aus dem öffentlichen Sichtfeld zu verbannen. Nur das Gegenteil kann das Problem lösen.

161 **Warum sehnen wir uns nach einer expertokratischen Räterepublik?** Das Bedürfnis nach professioneller Beratung demokratischer Politik nimmt merklich zu. Nichts spricht gegen eine ausgebaute Politikberatung, die demokratische Entscheidungen professionalisiert. Sie darf nur nicht so tun, als sei sie unparteiisch. Im Unterschied zu amerikanischen Think Tanks, die sich von vornherein als libertär, liberal oder konservativ ausweisen und dabei helfen, bestimmte politische Grundsätze durchzusetzen, unterstellen hiesige Beratungsgremien, Überzeugungen und Interessen ließen sich mit Hilfe sachlich richtiger Antworten überspringen. Warum aber sollte es eine richtige Lösung geben, wo Lasten verteilt oder moralisch umstrittene Fragen untersucht werden? Diese Depolitisierung politischer Beratung liegt in Deutschland auch an der starken Rolle von Parteistiftungen, die den Bedarf nach »neutraler« Beratung hervorrufen. Aber im Ergebnis ist es keine glückliche Arbeitsteilung, da sie der Entwicklung demokratischer Programme im Wege steht. Das Nachdenken darüber, was konservativ, liberal oder sozialdemokratisch heute bedeuten kann, sollte in Entfernung von den Parteien und ohne kurzfristige Orientierung an Konsequenzen oder der Furcht vor Skandalpotential stattfinden. Politische Beratung bedarf eines Raums jenseits von Parteien und Technokratie.

162 Staatsziele im Grundgesetz sind undemokratisch. Eine Verfassung, die den Tierschutz oder die Förderung von Sport und Kultur als Ziele definiert, wie geschehen ist oder diskutiert wird, viele andere Ziele aber nicht, schafft damit entweder einen folgenlosen Text oder eine Selbstbindung demokratischer Entscheidungen, für die es keine Rechtfertigung gibt. Wenn bei der nächsten Epidemie Massentierversuche und bei der nächsten Haushaltskrise die Schließung öffentlicher Sportplätze nötig sind, werden diese Regeln zu Recht entweder gestrichen oder ignoriert. Staatsziele in der Verfassung leiden unter demselben Problem wie demokratische Organe ohne Handlungsmacht **→74**: Durch ihre Folgenlosigkeit nehmen sie der Ordnung ein Stück ihrer Legitimation.

163 Unsere Abneigung gegen Volksabstimmungen ist überholt. Auch Volksabstimmungen erweitern die demokratische Willensbildung, aber sie bleiben immer auf eine konkrete verantwortbare Entscheidung bezogen. Der Vorzug von Volksabstimmungen liegt darin, dass er alle demokratisch verantwortlich macht. Wer will noch behaupten, dass es an den anderen oder der Politik gelegen hätte, wenn etwas nicht funktioniert? Volksabstimmungen geraten unweigerlich mit dem Parlament in Konkurrenz **→38**. Aber warum ist diese Konkurrenz schlecht? Sie mag die Systematik der Gesetzgebung einschränken, kann aber dafür das Bewusstsein für die Bedeutung demokratischer Politik heben.

164 Rechts und Links sind gleich oder gleich wenig demokratisch. Historisch war die Demokratie in Europa ein Projekt der Linken, Gleiches lässt sich jedoch weder für die demokratischen Anfänge in den Vereinigten Staaten behaupten noch für die Gegenwart. Heute erscheinen viele aus dem rechten Lager stammende Bewegungen als demokratisch durchaus sensibel. Das gilt für die Kritik amerikanischer Politik an internationalen Organisationen, für die Treue des konservativen Milieus zu den Institutionen der parlamentarischen Demokratie im Deutschland der 68er Zeit oder für einen gewissen anti-elitären Affekt. Weil die Unterscheidung zwischen rechts und links für die Demokratie so wichtig ist, kann es innerhalb dieser Unterscheidung keine schlüssige Zuordnung mehr für oder gegen Demokratie geben. Das zeigt sich an der momentan wichtigsten politischen Auseinandersetzung, der Frage nach der Rolle des Staates. Demokratien müssen grundsätzlich offen dafür sein, den Staat als Ermöglicher oder als Gefährder von Freiheit zu verstehen **→23**. Die Offenheit gegenüber der Frage, von wo die Gefahr kommt, ist die Offenheit gegenüber der Unterscheidung von rechts und links.

165 **Waren die 68er Demokraten?** An den 68ern erkennt man die Dilemmata der Demokratie. Das Projekt der Demokratisierung der Gesellschaft kann man als autoritär oder elitär kritisieren, aber es war auch Resultat einer politischen Emanzipation für alle, hinter die auch die nicht mehr zurück wollen, die sich im Nachhinein darüber beschweren. Menschen einen Handlungsraum aufzuweisen, der sie nicht auf ihr Geschlecht oder ihre soziale Herkunft reduziert, ist natürlich für die Demokratie sehr wichtig und führt doch ab einem bestimmten Punkt zu einer Überschätzung demokratischer Politik und zum Traum von der Herrschaftslosigkeit, der eben kein demokratischer Traum sein kann **→21**.

166 **Die Allergie gegen nationale Symbole ist keine demokratische Tugend.** Hymnen und Fahnen sind nicht jedermanns Geschmack, aber deswegen sind sie noch nicht demokratisch verdächtig. Sie stehen für die demokratische Gemeinsamkeit über dem demokratischen Konflikt. In posttotalitären Ländern wie Deutschland oder Spanien gelten nationale Symbole als politisch besetzt, eher als »rechts«. Aber das ist keine notwendige Deutung und sie hilft keinem weiter. Nicht den Linken, die auf eine wirkmächtige Symbolik verzichten, nicht der gesamten demokratischen Ordnung, die sich symbolisch finden will. Als der Platz vor dem Brandenburger Tor einen neuen Namen erhielt, waren Vertreter aller Parteien anwesend. Der Platz wurde nach verschiedenen Daten der deutschen Geschichte benannt, die am 18. März stattfanden: die Revolution von 1848 und die ersten und letzten freien Wahlen in der DDR. Die Benennung war kein schlechter geschichtspolitischer Kompromiss. Aber im Kreis der Anwesenden schien es undenkbar, zusammen die Hymne des Landes zu singen, um dessen Geschichte es bei diesen Ereignissen ging.

167 Demokratische Erziehung lehrt zunächst, auch anders zu können. Jede Handlungsfähigkeit lebt von einem Stück Einbildung über die eigenen Möglichkeiten, deren Richtigkeit sich nicht beweisen lässt. Die Fähigkeit, auch anders zu können, als man vermeintlich muss, will gelernt und geübt sein. Ohne das Zutrauen in die Fähigkeit, seine Angelegenheiten selbst zu regeln und Experten und Verwaltungen, überhaupt anderen Personen zu widersprechen, funktioniert keine Demokratie. Dieses Zutrauen fehlt bei vielen Bürgern, aber ganz auffällig auch in den Parlamenten. Dieses Zutrauen ist auch eine Frage der Erziehung und darum – weil man unter Bedingungen demokratischer Gleichheit nur die erziehen kann, die man auch ansonsten erziehen darf – muss die Erklärung der Freiheit in der Schule beginnen.

168 Wir mögen ein Verfahren so lange, bis wir das Ergebnis kennen. Danach versuchen wir es in Zweifel zu ziehen: War die Wahl nicht verdächtig knapp, waren bei der Abstimmung nicht zu wenige anwesend und wussten die, worüber sie entscheiden sollten? Solange das ein Spiel ist, ist es in Ordnung, es gehört zur Demokratie. Aber die Einsicht in die Offenheit von Verfahren will gelernt sein, und der Respekt vor dem Verfahren, wenn es hart kommt und man unterliegt, ist Ausdruck einer Einstellung, die für die Demokratie lebensnotwendig ist.

169 Demokratien haben keine »innere Einheit«. Von der Wiedervereinigung bis zur Integration von Migranten setzt der deutsche Diskurs immer auf »Einheit«, nicht auf Vielheit. Die »innere Einheit« sei noch nicht erreicht, wird geklagt, was immer das bedeuten kann. Deutschland ist ein Land mit relativ geringen sozialen, regionalen oder politischen Unterschieden, das aber immer noch in steter Sorge um seine Einheit und Homogenität lebt. Hier kommt kein gutes Erbe zum Vorschein.

170 Wir sind ein sehr erfolgreiches demokratisches Entwicklungsland. Nach dem Zweiten Weltkrieg wurden wir zu einer politisch und institutionell sehr erfolgreichen Demokratie, die Regierungswechsel mit politischer Stabilität verband, die viele erfolgreiche institutionelle Lösungen erfand oder eigenständig entwickelte, wie unser Wahlrecht und die Verfassungsgerichtsbarkeit. Aber dieser Erfolg sollte uns nicht vergessen lassen, wie jung unsere demokratischen Traditionen sind und unter welchen günstigen materiellen und weltpolitischen Bedingungen sie entstanden. Vierzehn Jahre Weimarer Republik und fast sechzig Jahre Grundgesetz sind nicht wirklich viel. Aus diesem Grund sollten wir uns nicht auf uns verlassen und vor allem nicht glauben, wir könnten andere Länder in Sachen Demokratie belehren. In unserer demokratischen Liga spielen nicht Frankreich, die Niederlande, die Vereinigten Staaten, Großbritannien oder Kanada, sondern erfolgreiche Nachkriegsdemokratien wie Japan.

171 Die Klage über »die Politik« und »den Staat« verrät die eigene obrigkeitsstaatliche Gesinnung. Wir sollten Politiker beständig kritisieren, aber trotzdem anerkennen, dass ihre Politik auch unser Werk ist. Was immer wir an Politik beklagen, zu viel Sicherheitsgesetzgebung, zu viel soziale Sicherung, zu viel Ladenschluss, zu wenig Umweltschutz – ist es hier und heute plausibel, dies als Erfindung der Politik zu verstehen, nicht als Folge verbreiteter Bedürfnisse, die man schwerlich anders als in unvollkommenen demokratischen Verfahren ermitteln kann? Wäre eine Mehrheit, die für eine radikale Verkleinerung des Sozialstaats oder für die konsequente Modernisierung der Bundeswehr, für die Einhaltung weltweit führender Klimaschutzziele oder einen Aufbau erstklassiger Schulen wäre, heute in Deutschland durch das politische System daran gehindert, sich durchzusetzen? Oder gibt es vielleicht einfach solche Mehrheiten nicht? Wenn viele Leute das Falsche wollen, ist das in einer demokratischen Gemeinschaft unser eigenes Problem – und vielleicht wollen wir alle mitunter das Falsche. In der Klage über den Staat kommt das Bedürfnis zum Ausdruck, andere für das eigene Schicksal verantwortlich zu machen. Deswegen ist eine solche Klage über den Staat alles andere als liberal. Liberal ist der Glaube in die Fähigkeiten des Individuums, und das kann ja nur bedeuten: in die eigenen Fähigkeiten. Darauf hinzuweisen, dass man ja gerne würde, wenn einen der Staat nur ließe, erscheint da eher als eine

Selbstverkleinerung, die nicht zu einem liberalen Freiheitskonzept passt.

172 **Nichts spricht für ein kommendes Ende der Demokratie.** Sicherlich nicht die enttäuschten Erwartungen nach 1989, es bräche nunmehr ein unpolitisches Zeitalter globalen Wohlstands und allgemeiner Demokratie aus.[114] Auf die Demokratie können wir ohnehin nur so lange bauen, wie sie umstritten ist. In einer Welt ohne politische Auseinandersetzung hätte die Konzeption der Demokratie keinen Raum. Historisch sind demokratische Formen nicht sonderlich alt: Ihr Siegeszug begann höchst vereinzelt vor gut 200 Jahren, aber global erfolgreich wurde die Idee erst nach dem Zweiten Weltkrieg und wieder nach 1989. Man vergleiche das mit der Dauer des Feudalismus. Aus der Gleichheitsperspektive formuliert, mit der dieses Buch begann, erscheint die Perspektive eines Endes der Demokratie noch weniger plausibel. Denn eine politische Ordnung, die die Gleichheit der Zugehörigen nicht anerkennt, fordern wenige. Noch immer scheint das größte Problem der Demokratien in der allgemeinen Wahrnehmung darin zu liegen, dass sie zu wenig demokratisch sind. Noch immer werden der Demokratie zwar bestimmte politische Ziele entgegengehalten, aber eben keine Organisationsprinzipien, die eine Alternative zur Demokratie darstellen könnten.

173 **Viel vom Ressentiment gegen die Demokratie entstammt der Kränkung darüber, dass wir weder allein auf der Welt noch wichtiger als die anderen sind.** Wir wollen unseren Willen bekommen, doch in der Demokratie bekommen wir ihn eher selten als öfter. Wir sind uns selbst näher als den anderen, aber die Demokratie reduziert uns – nicht überall, aber doch für den wichtigen Bereich der Politik – zu Gleichen, gleich mit Dummen und gleich mit Armen. Es ist leicht zu sehen, warum Demokratie gerade bei Gruppen, die sich selbst für Eliten halten, nicht immer beliebt ist. Aber die demokratische Zumutung der Demut mag ihnen nicht nur im politischen Leben weiterhelfen.

Anmerkungen

1 Robert B. Brandom, *Making It Explicit*, Cambridge, Mass. 1994, S. 4. Anleihen Brandoms bei der und seine Bedeutung für die praktische Philosophie bemerkt Jürgen Habermas, *Wahrheit und Rechtfertigung*, Frankfurt am Main 2004, S. 302.

2 Ein Beispiel für den Verlust jeder Kontur des Demokratiebegriffs: Otfried Höffe, *Demokratie im Zeitalter der Globalisierung*, München 1999.

3 Richard Rorty, ›The Priority of Democracy to Philosophy‹, in: ders., *Objectivity, Relativism, and Truth*, Oxford 1991, S. 175 ff.

4 Das Standardbeispiel ist Carl Schmitt, *Die geistesgeschichtliche Lage des heutigen Parlamentarismus*, 2. Aufl., Berlin 1926.

5 Jochen Bleicken, *Die athenische Demokratie*, 4. Aufl., Paderborn u.a. 1995, S. 338 ff.

6 Christoph Möllers, ›Der parlamentarische Bundesstaat‹, in: Josef Aulehner u. a. (Hrsg.), *Föderalismus*, Stuttgart 1997, S. 81 ff. (97), siehe dazu Hauke Brunkhorst, *Solidarität*, Frankfurt am Main 1998, S. 98.

7 Analyse bei Werner Heun, ›Freiheit und Gleichheit‹, in: Detlef Merten/Hans J. Papier (Hrsg.), *Handbuch der Grundrechte in Deutschland und Europa*, Bd. II/1, Heidelberg 2006, § 34, Rn. 11 ff.

8 Carl Schmitt, *Verfassungslehre*, Berlin 1928, S. 238 ff.

9 Tobias Lieber, *Diskursive Vernunft und formelle Gleichheit*, Tübingen 2007, S. 334 ff.

10 Christoph Möllers, ›Willensfreiheit durch Verfassungsrecht‹, in: Ernst-Joachim Lampe/Michael Pauen (Hrsg.), *Willensfreiheit u nd rechtliche Ordnung*, Frankfurt am Main 2007, i.E.

11 Zum Zusammenhang zwischen Demokratie und Solidarität: Hauke Brunkhorst, *Solidarität*, Frankfurt am Main 1998.

12 Dieses Bild stammt von Otto Neurath, ›Protokollsätze‹, in: *Erkenntnis* 3 (1932/33), S. 204–214 (206).

13 Klaus von Beyme, *Die verfassunggebende Gewalt des Volkes*, Tübingen 1968.

14 Albrecht Koschorke, ›Zur Logik kultureller Gründungserzählungen‹, in: *Zeitschrift für Ideengeschichte* (2007), Heft 2, S. 5–12.

15 Giorgio Agamben, *Ausnahmezustand*, Frankfurt am Main 2004, S. 77: »Eines Tages wird die Menschheit mit dem Recht spielen wie Kinder mit ausgedienten Gegenständen, nicht um sie wieder ihrem angestammten Gebrauch zuzuführen, sondern um sie endlich von ihm zu befreien.«

16 Robert B. Brandom, ›Freedom and Constraint by Norms‹, in: *Ame-*

rican Philosophical Quarterly 16 (1977), S. 187–196.

17 Ein wichtiges Beispiel ist Joseph Schumpeter, *Capitalism, Socialism, and Democracy,* 1. Aufl., New York 1942.

18 Zur Diskussion Michael Pauen, *Grundprobleme der Philosophie des Geistes,* 3. Aufl., Frankfurt am Main 2002.

19 Ernst Tugendhat, ›Der Begriff der Willensfreiheit‹, in: ders., *Philosophische Aufsätze,* Frankfurt am Main 1992, S. 334 ff (347 ff.).

20 Robert B. Brandom, *Making It Explicit,* Cambridge, Mass. 1994, S. 50 ff.; und ebd., S. 270 unter Hinweis auf Kant.

21 Für den kritischen Hinweis auf Willensschwäche in der Demokratie danke ich Jost Dalferth.

22 Dies entspricht der philosophischen Vermutung, dass sich Willensschwäche nur als Ausdruck zweier verschiedener Willen verstehen lasse. Donald Davidson, ›How Is Weakness of the Will Possible?‹ (1969), in: ders., *Essays on Actions and Events,* 2. Aufl., Oxford 2001, S. 21.

23 Richard Rorty, *Philosophy and the Minor of Nature,* Princeton 1981, S. 244 ff.

24 Christoph Möllers, ›Expressive versus repräsentative Demokratie‹, in: Regina Kreide/Andreas Niederberger (Hrsg.), *Internationale Verrechtlichung und Demokratie,* Frankfurt am Main 2008, i.E. Zur romantischen Tradition der Expressivität: Meyer H. Abrams, *The Mirror and the Lamp,* New York 1953, S. 70 ff. Dazu Charles Taylor, *Sources of the Self,* Cambridge, Mass. 1989, S. 368 ff.

25 Gegen Ernst-Wolfgang Böckenförde, ›Mittelbare/repräsentative Demokratie als eigentliche Form der Demokratie‹, in: Georg Müller (Hrsg.), *Staatsorganisation und Staatsfunktionen im Wandel. Festschrift für Kurt Eichenberger,* Basel u.a. 1982, S. 301 ff.

26 Oliver Gerstenberg, *Bürgerrechte und deliberative Demokratie,* Frankfurt am Main 1997, S. 27 ff.

27 Zu dem Problem, dass die Summe der Präferenzen keinen Anspruch hat, repräsentativ zu sein: Kenneth J. Arrow, ›A Difficulty in the Concept of Social Welfare‹ (1950), in: ders., *Social Choice and Justice,* Cambridge, Mass. 1983, S. 1.

28 Knapp und eingängig Jon Elster, ›Introduction‹, in: ders. (Hrsg.), *Deliberative Democracy,* Cambridge 1998, S. 1 ff. (5 ff.).

29 Diese Argumentation verläuft gewissermaßen demokratietheoretisch analog.

30 Dagegen zu Recht: Ulrich Haltern, ›Die EU ist in keiner Sackgasse: Plädoyer für ein Nachdenken über das Integrationsziel‹, in: *Neue Zürcher Zeitung,* 10. 6. 2005, 6.

31 Grundsätzlich Nicolas Rescher, *Pluralism,* Oxford 1993, 64 ff.

32 Ernesto Laclau, *On Populist Reason,* London 2007, 157 ff.

33 Klaus von Beyme, *Systemwechsel in Osteuropa*, Frankfurt am Main 1994, S. 108 und S. 116f.

34 Alexis de Tocqueville, *Über die Demokratie in Amerika* (1835), Band 2, II/5.

35 Cass R. Sunstein, ›Deliberative Trouble? Why Groups Go to Extremes‹, in: *The Yale Law Journal* 110 (2000) 1, S. 71–119 (85ff.).

36 Die Idee der Internalisierung von Macht findet sich ganz ausdrücklich bei Norbert Elias, *Über den Prozess der Zivilisation* (1969), Bd. 1, Frankfurt am Main 1989, S. 65ff. Die Erkenntnis, dass Macht nicht nur von den Machthaben, sondern von den Unterwerfungsbereiten zu denken ist, findet sich etwa David Hume, ›On the First of Principles of Government‹ (1741), in: ders., *Political Essays*, Oxford 1994, S. 16ff. (16).

37 Beispielsweise Sonja Buckel, *Subjektivierung und Kohäsion*, Weilerswist 2007, S. 316ff.

38 Juvenal, *Satiren*, sechste Satire, 223.

39 Immanuel Kant, *Grundlegung zur Metaphysik der Sitten* (1785), Erster Abschnitt.

40 Ann-Marie Slaughter, *A New World Order*, Princeton 2004.

41 Hauke Brunkhorst (Hrsg.), *Demokratischer Experimentalismus*, Frankfurt am Main 1998.

42 Der emphatische Gegensatz zwischen demokratischem Willen und Vernunft ist ganz deutlich bei Schmitt, aber auch bei seinen postmodernen Lesern Chantal Mouffe oder Ernesto Laclau.

43 Hans Kelsen, *Vom Wesen und Wert der Demokratie*, 2. Aufl., Tübingen 1929, 98ff. Zu dieser Diskussion: Oliver Lepsius, ›Staatstheorie und Demokratiebegriff in der Weimarer Republik‹, in: Christoph Gusy (Hrsg.), *Demokratisches Denken in der Weimarer Republik*, Baden-Baden 2000, S. 366.

44 John Dewey, *The Public and Its Problems* (1927), Athens, Ohio 1954, S. 75ff. Vgl. auch Bruno Latour, *Politiques de la Nature*, Paris 2004. Zu den kognitiven Möglichkeiten gerade parlamentarischer Verfahren: Oliver Lepsius, ›Die erkenntnistheoretische Notwendigkeit des Parlamentarismus‹, in: Martin Bertschi u.a. (Hrsg.), *Demokratie und Freiheit*, Stuttgart 1999, S. 123.

45 Zur Kritik pragmatischer Wahrheitstheorien nur Wolfgang Künne, *Conceptions of Truth*, Oxford 2003, S. 393ff.

46 Zwei Argumente auf ganz unterschiedlicher theoretischer Grundlage sind: Friedrich A. v. Hayek, ›The Use of Knowledge in Society‹, in: *American Economic Review* 35 (1945), S. 519–530 und Niklas Luhmann, *Grundrechte als Institution*, 1. Aufl., Berlin 1965.

47 Für diesen Hinweis danke ich Sunil Khilnani.

48 Zur theoretischen Rückständigkeit solcher Homogenitätserwartungen: Gertrude Lübbe-Wolff, ›Homogenes Volk – Über Homoge-

nitätspostulate und Integration‹, in: *Zeitschrift für Ausländerrecht und Ausländerpolitik* 27 (2007), S. 121–127.

49 Zur Kritik an solchen Kriterien schon Hermann Heller, *Staatslehre* (1934), 6. rev. Aufl., Tübingen 1983, S. 156ff.

50 Unter »Kultur« ist hier zu verstehen, was Samuel Huntington so wirkmächtig als »Civilization« bezeichnete, ohne es freilich überzeugend zu definieren: Samuel Huntington, ›The Clash of Civilizations?‹, in: *Foreign Affairs* 72 (1993) 3, S. 22–49.

51 Christoph Möllers, ›Pluralität der Kulturen als Herausforderung an das Verfassungsrecht?‹, in: H. Dreier/E. Hilgendorf (Hrsg.), *Kultur im Recht*, Beiheft zum Archiv für Rechts- u. Sozialphilosophie 2008, i.E.

52 Dazu die Kritik bei Amartya Sen, *Identity and Violence*, New York 2006, S. 18ff., 149ff.

53 Eric Hobsbawm und Terence Ranger (Hrsg.), *The Invention of Tradition*, Cambridge 1992.

54 James Tully, *Strange Multiplicity*, Cambridge 1995, S. 99ff.

55 Karl Marx, *Zur Judenfrage* (1844), Marx-Engels Werke, Berlin 1976, S. 347.

56 Zur Kritik des Integrationsbegriffs: Ulrich Haltern, ›Integration als Mythos – Zur Überforderung des Bundesverfassungsgerichts‹, in: *Jahrbuch des öffentlichen Rechts der Gegenwart* N.F. Bd. 45 (1997), S. 31–88.

57 Chantal Mouffe, *The Democratic Paradox*, London 2000, S. 80ff.

58 Hannah Arendt, *Was ist Politik?*, München 1993, S. 48ff.

59 Zu dieser These gute Gründe bei: Richard A. Posner, *Preventing Surprise Attacks. Intelligence Reform in the Wake of 9/11*, Lanham, Md. 2005.

60 Das lehrt auch die praktische Erfahrung: Peter Blum, *Wege zu besserer Gesetzgebung, Gutachten I*, 65. Deutscher Juristentag, München 2004, I.

61 John Searle, *The Construction of Social Reality*, New York 1995, S. 31ff.

62 Michael Stürmer, *Koalition und Opposition in der Weimarer Republik 1924–1928*, Düsseldorf 1967.

63 Dazu nur Hans Blumenberg, *Lebenszeit und Weltzeit*, 2. Aufl., Frankfurt am Main 2001.

64 Etwa bei Jean-Jacques Rousseau, *Du Contrat Social* (1762), III/1; Immanuel Kant, *Die Metaphysik der Sitten* (1797), Rechtslehre, §45f.

65 Carl Schmitt, *Verfassungslehre*, Berlin 1928, 186.

66 Christoph Möllers, *Die drei Gewalten*, Weilerswist 2008, Kap. 2.

67 *The Federalist Papers*, 57. Artikel (19. 2. 1788), James Madison.

68 Peter Lindseth, ›The Paradox of Parliamentary Supremacy: Delegation, Democracy, and Dictatorship in Germany and France, 1920s–1950s‹, in: *The Yale Law Journal* 113 (2004), S. 1341–1415.

69 Max Weber, ›Regierung und Parlament im neugeordneten Deutschland‹ (1918), in: ders., *Gesammelte Politische Schriften*, 5. Aufl., Tübingen 1988, S. 306ff.

70 Siehe etwa Alfons Bora, *Differenzierung und Inklusion*, Baden-Baden 1999.
71 Das Beispiel stammt von Dieter Grimm.
72 Günter Hirsch, ›Auf dem Weg zum Richterstaat?‹, in: *Juristenzeitung* 2007, S. 853–858.
73 Bernd Rüthers, *Die unbegrenzte Auslegung*, 6. Aufl., Tübingen 2005, S. 145 ff., 224 ff.
74 Das ist die Essenz des Kantischen Rechtsbegriffs: Immanuel Kant, *Die Metaphysik der Sitten* (1797), Einleitung in die Rechtslehre, § B.
75 Nachweise bei Ernst-Wolfgang Böckenförde, ›Geschichtliche Entwicklung und Bedeutungswandel der Verfassung‹, in: ders., *Staat, Verfassung, Demokratie*, Frankfurt am Main 1991, S. 29 ff. (42 f.).
76 Diese Einsicht findet sich zuerst bei Emmanuel Joseph Sieyes, ›Versuch über die Privilegien‹ (1788), in: ders., *Politische Schriften*, 2. Aufl., München 1981, S. 91–116 (94).
77 John Ferejohn/Pasquale Pasquino, ›Constitutional Adjudication: Lessons from Europe‹, in: *Texas Law Review* 82 (2004), S. 1671–1704.
78 So ausdrücklich der Präsident des Bundesverfassungsgerichts: Hans-Jürgen Papier, Interview, in: *Das Parlament* Nr. 6/2007 vom 5. Februar 2007.
79 Bundesverfassungsgerichtsentscheidung 108, 282.
80 Christoph Menke/Arnd Pollmann, *Philosophie der Menschenrechte*, Hamburg 2007, S. 59 ff.
81 Hannah Arendt, ›Es gibt nur ein einziges Menschenrecht‹, in: *Die Wandlung* 1949, S. 754–770.
82 Die Furcht ist der Ausgangspunkt bei Hobbes.
83 Nancy Fraser/Axel Honneth, *Umverteilung oder Anerkennung?*, Frankfurt am Main 2003.
84 Brief an Abigail Adams vom 22. Februar 1787.
85 John Rawls, *A Theory of Justice*, Cambridge, Mass. 1971, S. 319 ff.
86 Immanuel Kant, *Die Metaphysik der Sitten* (1797), Rechtslehre, Erster Teil, § E.
87 Jean Guéhenno, *La fin de la démocratie*, Paris 1999.
88 Christoph Schönberger, *Unionsbürger*, Tübingen 2005.
89 Olivier Beaud, ›De quelque particularités de la justice constitutionelle dans un système fédéral‹, in: Constance Grewe/Olivier Jouanjan/Eric Maulin (Hrsg.), *La notion de ›justice constitutionelle‹*, Paris 2005, S. 49 ff.
90 Printz v. United States, 521 U.S. 898 (1997).
91 Miguel Poiares Maduro, *We, the Court*, Oxford 1999.
92 Olivier Beaud, *Théorie de la Fédération*, Paris 2007, S. 101 ff.
93 Stefan Langer, *Grundlagen einer internationalen Wirtschaftsverfassung*, München 1995.

94 Eine anspruchsvolle Ausarbeitung dieser Vorstellung bei Marcel Kaufmann, *Europäische Integration und Demokratieprinzip*, Baden-Baden 1997.

95 Gertrude Lübbe-Wolff, ›Europäisches und nationales Verfassungsrecht‹, in: *Veröffentlichungen der Vereinigung der Deutschen Staatsrechtslehrer* 60 (2001), S. 246–289.

96 Christian Joerges/Yves Mény/J. H. H. Weiler (Hrsg.), *Mountain or Molehill? A Critical Appraisal of the Commission White Paper on Governance*, New York 2002.

97 Klaus Dieter Wolf, *Die neue Staatsräson*, Baden-Baden 2000.

98 Stefan Talmon, ›The Security Council as World Legislature‹, in: *The American Journal of International Law* 99 (2005), S. 175–193.

99 Eine gute Analyse bei Edward C. Luck, ›How Not to Reform the United Nations‹, in: *Global Governance* 11 (2005), S. 407–414.

100 Isabelle Ley, ›Legal Protection against the UN-Security Council between European and International Law: A Kafkaesque Situation?‹, in: *German Law Journal* 8 (2007) 3 , S. 279–293.

101 Rebecca Everly, ›Reviewing Governmental Acts of the United Nations in Kosovo‹, in: *German Law Journal* 8 (2007) 1, S. 21–37.

102 Zum Vergleich: Donald H. Regan, ›Judicial Review of Member-State Regulation of Trade within a Federal or Quasi-Federal System: Protectionsism and Balancing‹, in: *Michigan Law Review* 99 (2001), S. 1853–1902.

103 Joel Trachtman, ›Trade and... Problems, Cost-Benefit Analysis and Subsidiarity‹, in: *European Journal of the International Law* 9 (1998), S. 32–85.

104 Martti Koskenniemi, ›The Fate of International Law‹, in: *The Modern Law Review* 70 (2007), S. 1–32.

105 Jochen Abr. Frowein, ›Konstitutionalisierung des Völkerrechts‹, in: *Berichte der Deutschen Gesellschaft für Völkerrecht* 39 (2000), S. 427–445.

106 Man denke etwa an die jüngste Verurteilung Israels durch Länder wie Kuba, Saudi-Arabien oder Pakistan: General Assembly of the United Nations, Human Rights Council, Resolution No. 2/4., 27. 11. 2006, Supplement No. 53 (A62/53), S. 6 ff.

107 Christian Waldhoff, ›Auslegung von Doppelbesteuerungsabkommen: Zweck und Rolle des OECD-Kommentars‹, in: *Steuerberater-Jahrbuch* 2005/06, S. 161–178.

108 Colin Crouch, *Post-Democracy*, Cambridge 2004.

109 So Ann-Marie Slaughter, *A New World Order*, Princeton 2004, S. 203 ff.

110 Zur Unterscheidung von Universalität und Universalisierbarkeit Christoph Menke/Arnd Pollmann, *Philosophie der Menschenrechte*, Hamburg 2007, S. 74 ff.

111 Nico Krisch, ›Amerikanische Hegemonie und liberale Revolution im Völkerrecht‹, in: *Der Staat* 43 (2004), S. 267–297.

112 Dieter Grimm, ›Missglückt oder glücklos?‹, in: *Frankfurter Allgemeine Zeitung* Nr. 187 v. 14. 8. 1999, Bilder und Zeiten, S. III.

113 William Leuchtenburg, *Franklin D. Roosevelt and the New Deal 1932–1940*, New York 1963, S. 67.

114 Francis Fukuyama, *The End of History and the Last Man*, New York 1992.

Danksagung

Die Anlage dieses Textes entstand im Juni und Juli 2007 im Wissenschaftskolleg zu Berlin. Patrizia Nanz hat das Buch angeregt und lektoriert. Lange schon wollte ich es schreiben; ohne sie hätte ich es nicht getan. Susanne Schüssler hat einem Unbekannten ein Buch in ihrem Verlag anvertraut. Marita Möllers, Michael Heinig und Christian Waldhoff haben das Manuskript mit Sorgfalt gelesen und viele Ratschläge gegeben. Ohne von dem Buch zu wissen, haben mich die Teilnehmerinnen und Teilnehmer der Arbeitsgruppe »Staatsvolk / Verbandsvolk / Teilvolk / Unionsvolk. Zur Lage und Kritik der Demokratietheorie an der Schwelle zum 21. Jahrhundert« des Gesellschaftswissenschaftlichen Kollegs der Studienstiftung des Deutschen Volkes ebenso mit Anregungen versorgt wie Isabelle Ley. Dies gilt umso mehr für meinen Lehrer der Demokratie, Oliver Lepsius.

© privat

Christoph Möllers, geboren 1969, hat an der Universität Göttingen den Lehrstuhl für Staatsrecht und Verfassungstheorie inne. Er studierte Rechtswissenschaften, Philosophie und Komparatistik in Tübingen, München, Berlin, Madrid und Chicago, forschte in Dresden, Heidelberg und New York, lehrte in Hamburg und Münster. 2006/2007 war er Fellow am Wissenschaftskolleg zu Berlin. Er schreibt regelmäßig für das Feuilleton der FAZ über aktuelle Rechtsfragen.

Politik bei Wagenbach

Stefan Huster Soziale Gesundheitsgerechtigkeit
Sparen, umverteilen, vorsorgen?
Wer an einer solidarischen medizinischen Versorgung festhalten will, darf diese zivilisatorische Errungenschaft nicht leichtfertig aufs Spiel setzen.
Reihe Politik. Gebunden. 96 Seiten

Hacı-Halil Uslucan Dabei und doch nicht mittendrin
Die Integration türkeistämmiger Zuwanderer
Haci-Halil Uslucan lässt den aufgeblasenen Polemikern und gefährlichen Populisten die Luft ab: Wo liegen die Chancen für unsere Gesellschaft, wenn sie die türkischen Zuwanderer integriert?
Reihe Politik. Gebunden. 112 Seiten

Andreas Fischer-Lescano/ Kolja Möller
Der Kampf um globale soziale Rechte *Zart wäre das Gröbste*
Die Weltgesellschaft ist in der Krise. Politik und Wirtschaft sind orientierungslos. Umso klarer artikulieren sich Gegenstimmen. An verschiedenen Orten vereinen sich Menschen zum Protest und für ein gemeinsames Ziel: die Utopie sozialer Gerechtigkeit.
Reihe Politik. Gebunden. 96 Seiten